引 言

introduction

“啊，给我买个游戏机嘛！大家都有呢！”

如果你们家有个5岁左右的孩子，听到他这么央求你，作为父母的你该如何是好呢？

你反问：“大家真的都有了吗？”

孩子答：“虽然也有人没买，但我的朋友可是人手一台。啊——买一台给我嘛！要是我没有的话，大家就不和我玩了！”

孩子翻来覆去用尽各种说辞闹着要你买，最后甚至号啕大哭起来。作为家长的你，无奈之下决定买给他。

听到这个消息，孩子立马喜笑颜开。而你看着他高兴的样子，不禁这么劝慰自己：“唉，算了吧。一来，大部分孩子确实都有游戏机了；二来，他反复闹过这么多次说想要，再不给他买的话，他肯定会讨厌我的……”

然而，现实情况告诉我们：买给孩子的后果更加严重。

你：“今天在幼儿园都发生了些什么呀？”

孩子：“唔，也没什么。”

你：“都8点钟了，不要再玩游戏了！到该洗澡的时候了！”

孩子：“等一下，我马上就要通关了！”

结果，你劈头盖脸骂了他一顿，他才不情不愿地洗澡去了。

像这样“对父母的问话充耳不闻”“迟迟不去洗澡”，不过是众多问题的冰山一角。而由此却会产生诸如“学习时间被游戏占据，导致成绩滑坡”“沉迷游戏，每天玩到深夜，导致睡眠不足”“现实生活中，和朋友玩耍、运动的机会减少，导致孩子体力下降和社会性的欠缺”“视力下降”等一系列后果。

如果孩子没有足够的睡眠时间，他会容易焦虑，难以控制自己的情绪，最终影响人际关系且无法集中精力学习。也就是

【日】泉河润一 著
张雨晗 译

没有不听话的孩子只有不会教的家长

江苏凤凰科学技术出版社

图书在版编目（CIP）数据

没有不听话的孩子　只有不会教的家长 /（日）泉河润一著；张雨晗译 . -- 南京：江苏凤凰科学技术出版社，2018.11

ISBN 978-7-5537-9596-6

Ⅰ . ①没… Ⅱ . ①泉… ②张… Ⅲ . ①儿童教育—家庭教育 Ⅳ . ① G782

中国版本图书馆 CIP 数据核字 (2018) 第 194372 号

没有不听话的孩子　只有不会教的家长

著　　者　【日】泉河润一
译　　者　张雨晗
责任编辑　倪　敏
责任校对　郝慧华
责任监制　曹叶平　方　晨

出版发行　江苏凤凰科学技术出版社
出版社地址　南京市湖南路1号A楼，邮编：210009
出版社网址　http://www.pspress.cn
印　　刷　北京旭丰源印刷技术有限公司

开　　本　787mm×1092mm　1/32
印　　张　7
版　　次　2018年11月第1版
印　　次　2018年11月第1次印刷

标准书号　ISBN 978-7-5537-9596-6
定　　价　42.00元

图书如有印装质量问题，可随时向我社出版科调换。

说，因为给孩子买了游戏机，上述各种负面影响，就都会接踵而来。

“我们家是女孩，所以没有这方面的担忧。”这么说可就大错特错了。如今的游戏机和手机都可以连接上网，对女孩子而言，她们只是将游戏机或手机转化为社交工具罢了。根据最新统计，女孩花费在社交网站上面的时间，甚至超过男孩玩游戏的时间。

无论是男孩，还是女孩，购买了游戏机或手机之后，亲子之间的战争和烦恼都会增加不少。

于是，好不容易全家人一起去泡温泉，但在从温泉池出来的这段舒懒时间里，孩子却爱不释手地拿起游戏机。对这样的孩子，父母也实在和他聊不起来。我在各地的温泉旅馆时常看到这样的场景。这种亲子关系并不罕见，或者说，这便是他们平时相处的模式。

但这真的是父母希望看到的结果吗?

让我们再回到最初的提问。

“啊，给我买个游戏机嘛！大家都有呢！”

如果你们家有个5岁左右的孩子，听到他这么央求你，作为父母你该如何是好呢?

这一次，你是否该这么回答他呢?

“买给你也不是不行。如果你答应我好好遵守规矩的话，我就买给你。”

接下来就是“制定规矩”的环节了。应该如何制定规矩，又要规定哪些内容呢?而且怎样让孩子遵守制定好的规矩，也是一个重要的问题。(请参照第3章原则6)

你也可以这么回答他：“妈妈觉得，现在给你买游戏机还太早了呢。妈妈希望你在这个年纪，尽量多和妈妈还有小伙伴们一起玩耍，活动四肢、锻炼身体。等到你上小学了，妈妈可以把游戏机当作祝贺的礼物买给你哦!”

那么，究竟什么时候才能买给孩子呢?

“这些假设的情况我已经不想再听了。我现在迫切面对的问题是，孩子从早晨起来到上学以及放学回家后的时间，一直抓着游戏机不放手。简直叫人伤透脑筋!就算制定了什么规矩，他也绝对不会遵守的!”

这样的抱怨比比皆是。对于那些已经沉迷于游戏机不能自拔，甚至影响到了正常生活与学习的孩子，如何降低他们对游戏的依赖度是个棘手的问题。面对这种情况，家长该如何是好呢？（请参照第3章原则6）

如上所言，即使我们只将“玩游戏”这一个问题拿出来讨论，也会发现待解决的问题层出不穷。

作为本书作者，我有着30年的小学教师经验，至今仍然在职。在此期间，我接触过诸多孩子、家长，不仅见闻了大量或成功或失败的育儿案例，更实际参与到其中，帮助家长解决困惑与难题。

就拿游戏机的案例来说，我曾经教过“藏在被窝里玩游戏玩到12点还不够，甚至为了玩游戏白天上学迟到早退”的孩子，并且成功将他对游戏的依赖度降低到了于生活无碍的正常水平。（请参照第3章原则6）

此外，诸如“家中三个孩子（分别上五年级、三年级、一年级）全都沉迷在游戏里，视力急剧下降，妈妈只好没收了游戏机”的例子也时有见闻。就笔者自身而言，因为年轻的时候也曾沉迷于电脑游戏，所以可以想象得到孩子们对游戏是如何的痴迷。因此，笔者既可以根据经验推测出可能产生的负面影响，也能告诉家长们减少负面影响的方法。

购买游戏机，不过是千万事例中的一件。作为一名教师，我拥有丰富的教育经验，本书中介绍的方法与原则，不仅是我多年来成功经验的总结，更是从失败经验中得到的教训。

至今为止，我阅读过2500本以上与教育相关的书籍，并积极参加各种与教育相关的研讨会，从中获取了大量的知识。比如，感受到心理咨询对育儿颇有裨益，便考取了NLP①硕士学位。而我同时也是两位孩子的父亲，在育儿过程中充分运用了自己所掌握的各种知识和理论。

也就是说，这本书中所介绍的育儿理论与原则，不仅是30年从教经验和2500册以上的育儿书籍、各种相关研讨会的提炼汇总，也是我16年育儿经验的结晶，是出自于实践的理论

① 神经语言程序学（Neuro-Linguistic Programming）的简写。

——译者注

与智慧。

关于我个人的介绍到此告一段落，接下来，让我们重新将视线转回“游戏机”的问题上来。

关于这个问题，我们会在序章——《你正在为育儿烦恼吗？》中“电视、电脑游戏、智能手机、社交网站依赖症”的部分涉及，并在第3章“原则6 规范教育环境，远离‘现代凶器’”中提出对这一问题的思考和具体解决方法。通过阅读这些篇章，家长们可结合孩子的实际情况，选择其中一种现学现用，或者设计出自己独特的解决之法。

在序章中，共提出以下20个问题：

①偏食（挑食）；②熬夜（睡眠不足）；③电视、电脑游戏、智能手机、社交网站依赖症；④无法独立完成穿衣、刷牙等自己的事；⑤不帮忙做家务；⑥不与父母聊天或亲近；⑦不去户外活动或结伴玩耍；⑧不学习、不读书、不做作业；⑨见人不打招呼、说话粗鲁无礼、在公共场所行为不礼貌；⑩通过哭闹、打人等方式达成自己的任性诉求；⑪易怒，与朋友矛

盾频发；⑫注意力难以集中、容易走神；⑬家长忙于工作，既无时间又无精力关心孩子；⑭（夫妻一方）即使待在家中，也找不到自己的归属（扮演的角色）；⑮将育儿问题彻底抛给夫妻其中一方，不闻不问；⑯丈夫（妻子）和孩子一起轻视妻子（丈夫）；⑰与配偶（或孩子的祖父母）教育理念不合；⑱无法让孩子有良好的教养；⑲不知如何指导孩子学习；⑳不知如何与孩子亲近。

本书将由这些具体的问题入手，向读者们一一介绍解决、应对的方法。

如果身为家长的你现在亟须解决其中某一个问题，可以直接翻到与该问题解决方法所对应的页面，相信你一定能从中受到启发。

此外，也十分推荐教师阅读本书。

家长们常常会向老师提出诸如“如何合理控制孩子玩游戏机的时间”“如何使孩子摆脱对智能手机、SNS的依赖”等问题。作为教育者，能为家长们提供有效的解决方法，会在很大程度上提升家长们对教师的信任感。教师们可以灵活运用本书的内容，在育儿方面为家长们提供多样的参考。如此一来，既能减轻家长们的育儿烦恼，又能增加家长对教师的信任，使教育成为学校、家庭联动的整体，为孩子们的成长创造良好环境。

我们都是为了培养肩负未来的孩子们，若本书能为各位读者提供些许参考，我将不胜欣慰。

（注：本书中所有人名均为化名。）

目录

contents

序章 你正在为育儿烦恼吗?

第1章 认识父母的作用与责任

第2章 打造和谐、放松的家庭环境

儿童教育 9 原则

序章

你正在为育儿烦恼吗？

你是否有这些育儿烦恼呢?

翻开这本书的你，想必心中有不少育儿烦恼吧。

那么现在就来看看，究竟我们都在被哪些问题困扰着。

一边在造成困扰的问题前面的方框中打“√”，一边阅读本书吧。

“→P○○”指向的是该问题具体如何解决的页面。如果想马上知道如何处理这个问题，翻到相应的页码，就能获得解决问题的启发。

① □**偏食（挑食）**→ P106、P118

● 我们家孩子很挑食，叫人头疼不已。为此，我一个劲儿地劝她吃不喜欢的食物，结果导致吃饭时间总是被延长……吃饭这件事使父母与孩子都很有压力。**（4 岁女孩的母亲）**

● 我想着挑食总比什么也不吃强，于是就按照孩子的喜好给他吃东西。但这样一来，势必不能营养均衡，让我很担心孩子的身体发育。**（8 岁男孩的母亲）**

② □**熬夜（睡眠不足）**→ P132、P150

●我们家孩子总是晚上看电视看到很晚，每次睡觉都在 11 点钟以后。为了上学不迟到，早晨要花很大工夫叫他起床。我很担心他在学校会因为睡眠不足而无法集中精力学习……

（10 岁男孩的母亲）

③ □**电视、电脑游戏、智能手机、社交网站依赖症**→ P132

●孩子回家后就坐在电脑前玩个不停，晚饭后又把自己关进房间里，继续沉迷在游戏的世界里，说什么他都不听。如此一来，他根本没有学习或者和父母聊天的时间，感觉游戏把孩子从我身边夺走了。并且，他视力也下降得很快。**（10 岁男孩的母亲）**

●自从给她买了手机，她就一刻不停地和学校的朋友在手机上聊天，这让我很担心。**（12 岁女孩的母亲）**

④ □ **无法独立完成穿衣、刷牙等自己的事**→ P96、P182

● 我家孩子到了五年级，早晨仍旧自己起不来床，非要有人叫醒才行。换衣服也磨磨蹭蹭的，你要是不说她，她连牙都不刷。脱掉的衣服随手乱扔，书包也从来都放在门口不管。说了多少次都没用，真叫人着急。**（10 岁女孩的母亲）**

⑤ □ **不帮忙做家务** → P123

● 如果让我们家女儿帮点小忙，比如打扫一下浴室、擦擦盘子什么的，她立马摆出一副极其厌恶的样子。我总想着，她还是个孩子，没关系。可听其他妈妈讲自家孩子的事情，让我吃惊极了。同年级的小 A，不仅会帮妈妈洗碗，连打扫厕所的活儿也由她做，甚至还会做简单的咖喱盖饭。与之相比，我们家的孩子……真让我着急。**（9 岁女孩的母亲）**

⑥ □ **不与父母聊天或亲近**→ **P38**

- 我们家亲子之间的对话十分稀少，让我很头疼。晚饭虽然坐在一起吃，孩子却总是入迷地看电视。不管问他什么，他都说“没什么”，根本聊不下去。**（8 岁男孩的母亲）**

- 孩子从补习班回来已经很晚了，我们很少能坐在一起吃晚饭。**（12 岁男孩的母亲）**

- 丈夫工作繁重，每天深夜才能回来。工作日的时候，家人凑在一起吃个饭简直是不可能的事情。再加上丈夫早晨出门得早，孩子连早晨与父亲打招呼的机会都很少。**（7 岁女孩的母亲）**

⑦ □ **不去户外活动或结伴玩耍**→ **P57、P132**

● 我家孩子一天到晚闷在家里玩电脑游戏。前几天好不容易有小伙伴来到家里，还以为终于有人可以和他一起玩耍了，结果，两个人各自抱着游戏机打了整整一小时的游戏。我担心这样下去，他在体力方面会跟不上其他孩子，也缺乏团体意识和社会性。**（9 岁男孩的父亲）**

● 我很想让她在户外跑跑跳跳、做做游戏，但孩子本人却不乐意。并且，据说我家附近的公园曾有可疑的人出没，我很担心安全问题，不放心她去玩。**（6 岁女孩的母亲）**

⑧ □ **不学习、不读书、不做作业**→ P80、P89、P96

● 我们家孩子总是不做作业，让我很苦恼。就在前几天，我问他："你作业做完了吗？"他说："做完了呀。"而我去检查的时候，发现他根本没做。这孩子不是学不会，就是没有在家学习的习惯。**（9 岁男孩的母亲）**

● 明明看电视一看就是好几个小时，但读书、学习却完全静不下心。一个月连一本正经的书都读不完，读的大多是漫画书。就算是看漫画，最起码也看点益智漫画吧。**（11 岁女孩的父亲）**

⑨ □见人不打招呼、说话粗鲁无礼、在公共场所行为不礼貌

→ P46、P49、P159

- 朋友家的孩子教养有加，让我很吃惊。她与人见面时会主动打招呼，接受帮助时也每每向别人道谢。回头看我们家孩子……我该怎么做才能教育出来那样的孩子呢？（**8 岁女孩的母亲**）
- 我们家孩子说话粗鲁无礼，真叫人头疼。“笨蛋”“去死”“白痴”……我无法接受他的这些话。（**9 岁男孩的母亲**）
- 不管训他多少次，儿子一进图书馆就开始乱跑乱闹，最后被工作人员严厉批评，母亲的简直无地自容。（**7 岁男孩的母亲**）

⑩ □**通过哭闹、打人等方式达成自己的任性诉求**

→ P155、P166

● 我们家孩子一不如意就开始闹人，并且不达目的誓不罢休。你不给他买零食，他就赖在店门口大哭；只要自己想要，就会把小伙伴正在玩的玩具抢走……他这个样子让我很担心。

（5 岁男孩的母亲）

⑪ □ **易怒，与朋友矛盾频发**→ P166、P182

● 学校老师告诉我：“你们家孩子常常因为一点小事和同学发生矛盾。”确实，在家的时候我稍微多说两句，他马上就生气；只要有不合心意的事情，他就哭着闹别扭。他好像很欠缺忍耐力，我不知道该怎么教育才好。（**7岁男孩的父亲**）

⑫ □注意力难以集中、容易走神→ P96、P132

●我们家孩子学习还没一会儿，转眼又去玩游戏、看电视了，对学习的注意力很难集中。听说他在学校也很难老老实实坐在那里听讲，常常和同学交头接耳。**（9 岁男孩的母亲）**

让我们来看看各位都勾选了几项呢？也许有的家长在很多问题前都做了记号；也有的家长虽然问题不多，但是却针对某个问题亟待找到解决之道；或者有的家长之前觉得自己家的是个男孩，并没在意“不帮忙做家务”的问题，但在阅读本书后，却不禁有些担心起来……总之，每家都有本难念的经。

即使我们只是将常见的育儿烦恼简单罗列一下，却也有十几条之多。

在我们具体分析每种问题的解决方法之前，首先来思考一下育儿的困惑及其缘由吧。

育儿之困，究竟缘何而起？

■ 原因常常不唯一

我们以“不学习、不读书、不做作业”的问题为例，进行一些思考。

在过去，孩子放学回家后，如果不与朋友们玩耍，就没有什么娱乐活动了。而现在，一个人就能操作的电脑游戏对他们有强烈的诱惑。电视也不同往昔，频道的选择愈发丰富，租借各种 DVD 光碟也十分方便。只要想看，随时随地都能看到自己喜欢的节目。这着实是一种强烈诱惑。

此外，父母更不希望孩子早早沉迷智能手机、互联网。事实上，孩子们却常常忙于社交网络和短消息回复，有时候甚至会因为社交网站上的一些言论而与人发生争执。

如果在网络世界花费太多时间，孩子自然没空去学习、读书，作业只能草草了事，应付交差。甚至，连孩子们最宝贵的睡眠时间也难以保证。这会直接导致孩子在课堂上注意力不集中等问题。

营养不均衡的饮食和添加剂重重的零食同样会带来问题，比如，摄入过量糖分会影响孩子的注意力，使他们急躁易怒，即使想平静也平静不下来。这会导致儿童成人病的发生、孩子身体素质下降、注意力不集中等一系列问题，对孩子各方面的生活造成影响。

养成家庭学习的习惯需要一个过程。这其中，陪孩子一起做作业、给孩子表扬和鼓励等来自父母的持续帮助是必不可少的。但是，如果夫妻两人都要工作的话，坚持这么做想必会很困难吧。

随着年级的增长，学习内容的难度逐渐提高。那些没有养成家庭学习习惯的孩子，会渐渐跟不上学校教授的内容，从而导致他们对于学习的热情愈发低下。

即使我们仅仅谈论“不学习”这一个问题，也能总结出诸多影响因素。

- ▶ 诱惑太多、容易分心的环境。
- ▶ 无法集中精力的大脑。
- ▶ 较差的身体素质。
- ▶ 父母皆忙于工作，难以给孩子持续帮助。

如上所述，引起育儿烦恼和问题的原因错综复杂，如同一团缠绕的乱麻，剪不断理还乱。

■ 父母同样有众多难处

再进一步说，育儿的烦恼与父母自身的工作和家务、父母间的协同合作等问题都有关联。比如说下面这些问题。

⑬ □**家长忙于工作，既无时间又无精力关心孩子**

→ P28、P66

● 儿子对我说作业有不会的地方，但我忙于工作和家务，没有时间指导他。**（8 岁男孩的母亲）**

● “带我出门嘛”“陪我玩一会儿”，女儿常常这么对我说，但我总是以“爸爸很累”为由拒绝她。实际上，连续加班已经让我不堪重负，确实没有力气再陪孩子做这做那了。**（6 岁女孩的父亲）**

⑭ □**（夫妻一方）即使待在家中，也找不到自己的归属（扮演的角色）**→ P28、P66

● 我一直把所有精力投注在工作上，将育儿这件事全盘扔给了妻子。等我发觉这样不好的时候，整个家庭已经是以“爸爸不在”为前提运转的了。即使我待在家里，也感觉没有容身之处，忽然觉得很寂寞。**（11 岁女孩的父亲）**

⑮ □**将育儿问题彻底抛给夫妻其中一方，不闻不问**→ P66

● “我的作用就是工作然后赚钱。育儿什么的就交给你这个主妇了。”丈夫这番话让我很不舒服，我回道：“那不也是你的孩子吗？”丈夫却一个字也听不进去，我感觉自己要因为育儿而精神崩溃了。**（4 岁双胞胎男孩的母亲）**

⑯ □ 丈夫（妻子）和孩子一起轻视妻子（丈夫）→ P45

- “喂，饭呢”“洗澡水还没好吗”——丈夫总是一副发号施令的样子。最近孩子也渐渐开始用这种口气对我讲起话来了。**（13 岁男孩的母亲）**
- 妻子总是当着孩子的面对我破口大骂。拜她所赐，孩子也开始瞧不起我，我这个做父亲的在家中一点地位都没有了。**（12 岁女孩的父亲）**

⑰ □ 与配偶（或孩子的祖父母）教育理念不合→ P73

- 我想让孩子养成和别人打招呼、帮家长做家务的习惯，可是妻子却只在意孩子的学习、考试。我每次想让她帮忙的时候，妻子就会说“你这样她就没时间学习了”“你自己做不是还能快点儿”之类的话，也从不让孩子主动和谁打招呼。**（11 岁女孩的父亲）**
- 说好昂贵的游戏机要等到生日再送给孩子，想锻炼锻炼他的忍耐能力。结果，祖父母却立刻买给了他。**（9 岁男孩的母亲）**

正如上面这些例子，父母本身的工作和家务、夫妇间的协作等问题都会妨碍“育儿烦恼与问题”的解决。如果连试图解决问题的时间和精力都没有，夫妇间就谈不上分工合作，那解决问题又从何谈起呢？

■ 育儿方法不明的困惑

在如此困难的状况下，家长不仅在烦恼究竟该怎么教育孩子的礼貌问题，还在烦恼该如何与孩子相处的问题。很多时候，家长的困惑都来自未知。

⑱ □**无法让孩子有良好的教养**→ P106、P168、P182

●即使给儿子定下晚上九点睡觉的规矩，他也从不遵守。**（9 岁男孩的母亲）**

⑲ □**不知如何指导孩子学习**→ P80、P96

●儿子跟我说有些不会的数学题，前几天我就试着想给他讲讲，结果却发现儿子的数学简直一塌糊涂。所以，我当即就发火了。这种情况，我该怎么教才好呢？**（11 岁男孩的父亲）**

⑳ □**不知如何与孩子亲近**→ P45

●我的孩提时代，父母双方都忙于工作，几乎没怎么管过我。所以，作为家长，我想和自己的孩子更亲近一些，却不知道该如何是好。**（7 岁女孩的父亲）**

在孩子诞生于世的瞬间，父母就自动被赋予了“父母”这个身份，也同时肩负了“父母”的责任——养育孩子。但是，就像我们前面分析育儿烦恼的原因那样，这些问题并不是那么简单就可以解决的。

让我们再用开车这件事情举个例子。想要成为一名合格的司机，首先要在驾校学习开车技术和交通规则，经过考试取得驾照后，才能真正开车上路。如若不然，就会引起交通事故。因此，想要开车的话，去驾校学习必不可少。

而育儿则比开车困难得多。驾驶的时候，将方向盘左旋右转，车子便会根据你的指令运动。同样的方法，并不适用于孩子。面对堆积如山的需要教育的事情，我们的命令可能不会起直接效力。再加上我们不能找到诸如驾校这样一个地方——专门培训家长怎样教育孩子的地方。我们唯一的参照便是自己的父母是怎样教育我们的。但是，我们父母的年代与当今社会有着天壤之别，把那个时代的方法原封不动照搬到我们自己的孩子身上恐怕行不通。因此，烦恼与问题才会在育儿过程中频频发生。

说到底，我们究竟该怎么办呢？

就像驾驶员在驾校学习开车那样，父母也应该事先学习育儿方法——育儿的知识与智慧。这样一来，我们既能更得心应手地处理育儿中出现的问题，也能在育儿的过程中拥有更多的自信。

那么，就让我们一同来学习这本书介绍的育儿智慧与技术，进入“如何做父母”的训练吧！

第1章 认识父母的作用与责任

父母在育儿中发挥着什么作用?

从形成胚胎到生命终止，或者说直到因工作、结婚而离开父母的时候为止，对孩子影响力最大的存在莫过于父母。

如果从是否选择流产的角度看，父母甚至掌握了孩子的“生杀大权”。父母从孕育生命开始，始终在孩子身边发挥着巨大的影响力。

孩子观察着父母的行为举止，并试图将其作为范本模仿（Modeling）。就这个意义而言，父母本身就营造了最大的教育环境。

与此同时，从决定母乳喂养或奶粉喂养开始，到玩具或幼儿园的选择、教授知识的内容等一系列的事情上，父母掌握着给予（或不给予）孩子何种教育环境的权利。也就是说，在孩子所处的教育环境的创造和调整过程中，父母同样有巨大的影响力。

如果将父母的作用大致分类，可以总结为以下三种。

- ▶ 保护孩子不被社会负面所影响的防波堤作用——将负面因素排除在外，仅让正面因素通过的过滤作用。（去除负面因素）
- ▶ 根据孩子不同的发育阶段，为他们创造更为优质的教育环境的作用。（增加正面因素）

▶ 父母自身的示范性作用。（成为模仿对象）

综上所述，父母从孕育胚胎开始，便扮演了保护、培养、教育、引导的角色，并发挥着其强大的影响力。

充分发挥父母作用，改变孩子所处环境

众所周知，现代社会是一个充满诱惑的社会。诸如电视、电脑、游戏机、智能手机等方便好用又吸引力十足的电子设备充斥着我们的生活；而饮食方面，用微波炉加热一下就能做出的各种简单的速食产品（其中含糖、防腐剂、化学添加剂）也大行其道。在这样一个社会中，给予孩子什么，又不给予孩子什么，成了对家长而言至关重要的问题。也就是说，只要家长们正确发挥他们身为“防波堤”的作用，即“将负面因素排除在外，仅让正面因素通过的过滤作用”，就能够使孩子们的教育环境得到很大改善。

比如说，从最初就不给孩子买电视、电脑、游戏机、智能手机等电子设备，也是家长们的一种选择。

即使已经购买了电视或电脑，将它搁置在客厅由父母进行监督，制定使用规则，也不失为一种选择。比如，“周六的晚饭时间不能看电视”“晚上五点起可以玩一个小时电脑游戏”等。

此外，不给孩子买电脑、游戏机，而是以亲子间的扑克牌游戏、户外玩耍代替，也是一种选择。

放弃家中零食不断的做法，改为准备水果和米饼类点心也是一种不错的选择。用每周和孩子共同做饭的活动，代替每周去一次汉堡店的方法也值得借鉴。

不让学前儿童去上补习班，改为父母亲自在家教授，是一

种选择。

不把孩子送到附近的托儿所，改为父母自己投身育儿生活，也是一种选择。

每周有一天时间尽早完成工作下班，创造家庭亲子时间，同样是种选择。

诚然，现代社会的负面影响深入到了人们生活的各处。但是，请各位家长放心，就像我们刚才举出的例子那样，通过智慧的选择，我们可以保护自己的孩子不受这些负面因素的影响。

并且，父母比谁都更需要变得智慧。即使面对游戏机这样小的问题，我们也可以做出不同选择。（具体参照第 3 章原则 6）

而在做出这些选择之前，父母首先会遇到“是否下定决心承担作为引导者的作用和责任”这个问题。

说起“作为引导者”，可能会有人感到犹豫吧。其实，这并不是一件困难的事情。

比如，“母亲为宝宝考虑，选择戒掉烟、酒”这个行为，就是我们上文所提到的过滤作用。“比较、衡量各所幼儿园（托儿所）的优劣”，则印证了创造更为优质的教育环境的作用。“父母自身严格遵守公共秩序，做出表率”，很明显是示范性作用。事实上，我们可以在不同的场景中发挥这三种作用。

决定自己的育儿立场

家长是否能自觉其在育儿中扮演着保护、培养、教育、引导的角色，是否有决心积极实施自己作为引导者的责任，以及在何种程度上实施——如何确立自己育儿的立场，都将会对亲子关系、夫妻关系产生决定性影响。

作为父亲或母亲，如何决定自己的育儿立场，其实也是父母如何协调工作和家庭间关系的重要因素。父母需要思考，在自己的心中，育儿一事是否与工作有着同等重要的地位，甚至比工作的地位更加重要，还是只能排在第二、第三顺位。具体来说，这是指“自己专心工作，将育儿全盘甩给配偶”，还是“将育儿作为夫妇共同的任务，共同分担合作”的问题。

在此，我们通过几个家庭的案例，来看看不同的育儿立场分别会产生何种结果。

首先，来看一个丈夫是个“甩手掌柜”的例子。

■ 将育儿全盘抛给妻子的丈夫

丈夫把育儿这件事全都推在我身上，一点也不帮忙。即使我对他抱怨，他也理直气壮地说：“育儿本来就是妈妈的事情，和我有什么关系。”

儿子上了中学后，问题连连，叫我头痛不已。前几天，我对丈夫说：“下次班主任再来电话，你来接吧，我实在是受不了了。”刚说罢，丈夫转头就对儿子道：“听见了吗？你妈说不想管你了。别再给人惹麻烦了。”我听他这么说，立马怒火冲天，冲他发脾气。可丈夫仍旧事不关己地回道：“你何必责怪我，那不是你自己养出来的好儿子吗？一直培养、指导他的人可不是我，是你哦。”**（14岁男孩的母亲）**

对于这位父亲而言，育儿是一件麻烦而无聊的事情，因此他才尽数将此事推给了妻子。

这位父亲在无形当中给儿子传递了“你是不值得我关爱的孩子”的信息，并给了孩子“麻烦的事情推给别人就好了”的负面示范。

互帮互助、责任感、商量、探讨……原本应该将这些基本素质教给孩子的家庭，现在则成了负面教材。

温暖和谐的家庭氛围、积极学习的气氛、将不良因素排除在外的作用、树立模范带头的作用……我们在这个家庭中丝毫看不到这些。

导致儿子成为问题少年的最大因素，莫过于这位父亲的言行。即使是什么都不予以理会的态度本身，也会对儿子造成很大影响。我们时刻不能忽视自己身为父母的影响力。

生活中既有刚才那样的父亲，也有下面这样的父亲。

■ 某位父亲的决心（贯彻身为父亲的责任）

与20年前相比，最大的不同就在于现在的我成为了两位孩子的父亲。我们家孩子真是可爱，“宝贝”是我常说的一个词。我们夫妻二人分工有序，用充沛的爱养育着两个孩子。但其中也出现了一些问题，从而导致孩子教养不好。边玩边吃饭、稍不合意就要闹人……这样下去，学校的老师也会感觉棘手吧。“因为工作繁忙，对孩子教育不够”，即使这种话说的是事实，我却不愿意说。因为，这么一开口，就仿佛在说“我放弃了教育孩子的责任，优先考虑了自己的工作”似的。我是个上班族，但同时也是个父亲，我想要认真贯彻我身为父亲的责任。

事实上，据孩子的班主任所说，这两个孩子与父亲说的“让老师棘手”正好相反，是听话懂事、礼貌周到的好孩子。他们和同学关系融洽，成绩也很不错，亲子关系良好。根据有多年执教经验的笔者分析，在父母富于关怀的培养下，孩子几乎不会发生任何问题行为。

接下来，让我们再一起来看看另外一个例子。这个事例中，父亲是个“甩手掌柜”，而家人索性就将父亲（丈夫）搁置在家庭的框架之外。

■ 以父亲（丈夫）不在为前提运转的家庭

妻子：“老公，你偶尔也早点回来陪孩子们玩玩游戏嘛。”

丈夫：“我也没办法啊，工作很忙推不开啊。”（你自己在家真轻松啊）

妻子："我和孩子挺辛苦的呢。"（一个人照顾孩子很辛苦，快要被育儿弄得神经质了）

丈夫："我刚回来，你就不能让我休息会儿吗？都说了孩子的事你来管。"（我的任务是好好工作赚钱养家）

以上的情形反复重演，最终，妻子这样想：育儿这件事情丈夫是不会管了，我对他不做任何期待了。同时，对孩子们而言，父亲的存在感十分微弱，平时家里面都是以父亲不在为前提生活着。

妻子时不时对丈夫的牢骚和抱怨，潜移默化地渗透给孩子。渐渐地，孩子们对父亲丧失了应有的尊重，导致父亲在家中的权威大大降低。偶尔，父亲提早回家，却发现在家中找不到自己的位置，只能沦落到一个人吃速食咖喱的境地。夫妻间、亲子间的聊天更是少之又少。这位孩子最近有些厌学，总是不想去学校，徒有母亲一人担心而已。

在厌学、逃学的事例当中，常常能见到父亲在家庭中存在感很弱的情况。

育儿本该是一件夫妇共同完成的工作，如果丈夫放弃参与，所造成的恶劣影响首先会蔓延到妻子身上，随后是孩子，最终回到丈夫本人身上。丈夫渐渐在家中没有存在感，夫妻、父子的聊天渐渐绝迹，这些都是恶劣影响的反映。

决心接受作为家长的角色和责任，确立自己育儿的立场，很大程度上可以左右"对孩子的影响"和"与配偶的关系"。

中国经典《三字经》中有“养不教，父之过”的名言，就告诉我们：父亲不仅在经济方面承担着养家责任，同时也必须作为家长承担教育责任——培养孩子良好的家教和礼貌、让孩子养成基本的生活习惯、教给孩子正确的价值观、为孩子指引正确的人生方向。换言之，就是为了孩子将来的幸福而培养、教育他。只有做到以上这些，我们才能问心无愧地说自己践行了作为父母的责任。

下面我们来看一个“夫妇双方都只考虑自己不顾孩子”的例子。

■ 比起育儿优先考虑自己的夫妻

有一对夫妇，只顾自己从不考虑孩子。他们觉得趁孩子还小，自己再享受一下自由生活没什么大不了的。他们时常把孩子送到托儿所去，两个人不是去旅游，就是夜醉不归，总之想做什么就去做，毫无顾忌。

但是，当孩子渐渐长大，报应就来了。夫妻二人丝毫感觉不到与孩子之间的感情，孩子常常言行失当，让夫妻二人操碎了心。他们终于开始后悔：要是我们从小就好好教育他，也不至于会这样啊。

在孩子年幼的时候，来自父母的影响尤为显著。

如果在这个最重要的时期，父母弃自己的责任而不顾，总有一天会自食苦果。因拥抱等肌肤接触而形成的感情依恋、因亲密互动而形成的信赖关系、孩子的家庭教养和生活习惯，都会根据父母的态度和用心程度产生巨大差异。

除了上述夫妻的例子，我们再来看一个夫妻双方都有工作的情况。我对这对夫妻很是熟悉。

■ 夫妻都工作，丈夫常晚归的家庭

这家的丈夫因为工作，常常晚上10点钟以后才回家。妻子在兼职做护士，忙起来晚上8点才吃晚饭的情况也常有。因此，夫妻二人晚饭是分开吃的。丈夫回家的时候，孩子通常已经睡了，妻子却还醒着，她会向丈夫讲述这一天发生的事情，特别是“孩子特别努力，还拿到了奖状”这样开心的事情，无论大小从不遗漏，丈夫也十分关心地倾听。第二天早晨，趁家人一起吃早饭，丈夫会夸奖孩子，因为平时聊天的机会太少，早餐时间就被利用成为亲子聊天的时间。

并且，固定在每周周日，丈夫无论再忙都要和孩子一起度过。有时候玩接投球，有时候陪他做作业，等等。妻子对在百忙中还尽心尽力教育孩子的丈夫十分尊重，孩子也十分仰慕自己的父亲。

目前育儿的环境确实不容乐观。因工作的繁忙而积攒下来的压力和疲劳，让父母很难在时间、精神、体力上给予育儿太多关注。但即使如此，仍有很多家庭夫妻通力协作，尝试各种方法来践行自己身为家长的责任。

将育儿当作共同的工作，合作互助的夫妻彼此也会产生强烈的信赖感。在夫妻彼此关怀、彼此尊敬的环境中，孩子也能更加健康快乐地成长。

什么是只有身为父母才能收获的礼物？

总有一天，我们的孩子会离开父母，独立踏入社会。而他们也会迎来为人父母的日子。在此之前，父母都会为了孩子牺牲“自己”，来完成身为家长的责任。

当孩子离开父母踏入社会后，父母与孩子之间有什么是保留下来的呢？我认为，应该有下面5点。

- 亲子间亲密互动的回忆。（这一定是无比珍贵的回忆）父母可以将重要的价值观、人生观传递给孩子。
- 父母由衷的爱和关怀，可以培养孩子的自尊心。（孩子认为自己是值得被爱的人，自尊心会油然而生）
- 父母在尽心尽力培养孩子的过程中，所领悟到的道理和因育儿获得的充实感。
- 将育儿作为头等要事、协力合作的夫妇，在孩子独立踏入社会之后，彼此也能作为相互扶持、相互理解的伙伴，和谐生活。
- 亲子间会产生深刻的感情。以这种情感为基础，在孩子成人、父母衰老时，双方依然不会疏远隔阂。

这5件礼物是信念坚定、积极践行家长责任的父母才能获得的馈赠。无论对于孩子还是父母，育儿都将会是受益良多的一件事。且投入越多、感情越真挚，这份回报就越丰厚。

换言之，我们究竟能从育儿中收获怎样的馈赠，完全取决于我们“积极投入育儿，发挥父母责任”的程度。也就是说，“育儿的立场”将成为决定性因素。

育儿是件乐事，虽然辛苦却饱含乐趣。爱，包括时间和精力，付出多少都不够，但是付出就有回报。看着我们的孩子满面笑容日渐长大的时候，父母心中一定十分欣慰。

第2章

打造和谐、放松的家庭环境

家庭是孩子减压放松的场所

“和小伙伴吵架了、被朋友们排挤了、被老师训斥了、学习有很多不会的问题、只有我不会做这个……”

不要以为孩子就是无忧无虑的。每天去托儿所（幼儿园）、学校的孩子们，也有他们相应的烦恼和压力。如果能自我消解这些压力当然最好，但很多时候孩子们无法处理这些问题，只能带着烦恼回家。再进一步，有的孩子还被霸凌问题困扰，最终导致逃学甚至自杀。“我们家的孩子很体贴别人，在学校肯定没问题”，这种说法值得商榷。有时候，越是好孩子越容易被霸凌，那些脾气温和、性格柔弱、待人正直、做事努力的孩子，更可能成为受害者。

如果我们从比较极端的角度来看，任何事情都可能成为霸凌的理由，任何人也都可能成为霸凌的对象。“引人注目就会被霸凌，因此尽量让自己不被关注”，有的孩子自然会产生这种想法。如此一来，即使不遭遇霸凌，孩子本身也时常处于精神紧张的状态。

如果孩子们从托儿所（幼儿园）、学校回家时满腹紧张与压力，为他们创造一个安全、安心的家庭环境，让他们能够在家中得到平静和放松，就成为一个至关重要的课题。我们需要让孩子们在家庭中缓解一天以来的疲惫与紧张感。

■ “啊，抱抱我嘛！”——恢复活力的妙招

“啊，抱抱我嘛！”女儿回家时这么对我说。我一边想着“你都 10 岁了还要抱啊”，一边还是伸出手臂给了她一个大大的拥抱。随后，女儿说：“有妈妈在我就放心啦。”听她这么说，我虽然很开心，但还是不禁担忧：女儿是不是在学校遇到什么坏孩子了，在学校肯定有很多不开心的事吧。于是，我想尽量把家庭打造成一个能让她彻底放松的地方。**（10 岁女孩的母亲）**

即使孩子在回家前已经像是块能量马上耗尽的电池，只要家庭有安心、安全的氛围，是一个能让他完全放松的地方，孩子就能在家中恢复活力。就像刚才例子中提到的女孩，她从母亲身上汲取了很多能量。“充电”后的孩子，又能以饱满的状态重新迈入托儿所（幼儿园）或学校的大门。

相反，如果没有一个让人放松的家庭环境，诸多问题便会随之而来。在家庭中积攒的压力，会使孩子在托儿所（幼儿园）或学校里无法集中精力，导致学习成绩下滑；关系紧张、冲突不断的家庭可能影响孩子，使其与同学发生争端或者受到霸凌。这些问题最终可能导致孩子厌学、长期宅家不出，甚至出现逃学的恶果。

也就是说，将家庭打造成一个放松和谐的场所，既可以起到安全防护网的作用，又能提前预防人际关系不和、学业不振、霸凌、逃学等问题。

能让家长和孩子同时感到放松的场所是哪？

读到这里，肯定有人会问，这个放松的场所究竟是什么样的地方呢？

首先，我希望大家要明确一个概念。我们这里所说的“放松的场所”，并不是指每个人都可以随心所欲的场所。

想看电视随时打开看、肆无忌惮地看漫画、吃完饭转身回到自己的房间玩起电脑游戏……家庭成员各自按照自己的好恶生活，全然不考虑其他成员的感受，做事仅仅为了满足自己的喜好——我们所说的“放松”绝对不是这个概念。

在这种任性的环境中生活，家庭成员谁都不会舒服。不管是谁，只要有一个人心情欠佳，都会导致家庭无法成为真正放松的场所。那些夫妇争执不断的家庭，与“放松”二字更是相去万里。孩子在这样的家庭中生活，情绪处于不安定的状态，很难静心做作业，也会影响到他在学校的表现。

■ 因父母吵架而不安的孩子

我的父母常常争执。

有一次，母亲因为家长教师协会的会议过了九点半还没回家，父亲火冒三丈，起身将大门反锁了起来。母亲十点钟回家发现打不开门，在外面喊：“快把大门打开！”我只好偷偷去给母亲开门，让她进来。

而在家中经济并不宽裕的情况下，父亲却常常在院子里买很多昂贵的树种。母亲每每见此，莫不开口斥责。某日，我同父亲一起出门，父亲对我说："这棵树要三千块，但我跟你妈说是一千五百块买的。你可别说漏嘴了。"我实在不愿意他们俩因为这个再起争执，便没有告诉母亲。

总之，在我的印象里，父母吵架从未间断过。他们的战争只要开始，我就不可抑制地难过起来，心中惶惶不安。明明他们两个都对我很好，我谁都喜欢……我只能默默盼望"他们不再吵架了"的时候能够来临。**（11 岁男孩）**

除此之外，兄弟姐妹争执较多的家庭，也不利于孩子成长。当然，从不吵架的兄弟姐妹是不存在的，但是如果争执过于激烈和频繁，同样会对孩子造成精神上的紧张压迫。

无论家长所言多么合乎情理，说教和训斥不断的家庭，都很难成为放松的场所。试想，如果父母一回家就连珠炮似的开口说"你作业做了吗""你房间怎么这么脏""你刚才是不是一直在玩游戏"这些话，孩子怎么可能得到放松和平静呢?

能够放松的首要前提是接纳，并在某种程度上保持原有状态。

急躁乃育儿大忌。比如，具体到"创造放松环境"这个目标上，我们就要克制训斥和抱怨，给予孩子一定的包容和自由。

与争执吵闹不断的家庭相反，我们也会见到"就算回了家也见不到人""就算有人也谁都不说话"的家庭。

好好学习了吗？光玩游戏可不行！
把你的玩具收拾起来！没做完作业不能看电视！
啊——已经够了！
啊——妈妈，我告诉你哦，
今天的考试我得了一百分呢！
….

即使孩子在学校得到了表扬，家长也一副漫不经心的样子。面对这种家长，孩子遇到和同学发生矛盾这种不好的事情，更加无法开口倾诉了。孩子与父母，似乎成了一个屋檐下生活的陌生人……也就是说，即使冠以家人的名义，家庭成员各自却是处于孤立而互不理解的状态。这样的家庭，也与“放松”毫无关联吧。事实上，作为一线的教育工作者，我发现这样的家庭在逐渐增多。

当然更加恶劣的还有连餐食都不为孩子准备的“放弃育儿”的家庭，或者打着“教育”的旗号实施家庭暴力的家庭……这些问题我们不纳入此处的讨论范围。

综上所述，放松和谐的家庭环境，既不应有“各行其是的任性”，亦不应有说教、斥责不断的“过度干涉”，更不应有家庭成员形同陌路的“孤立无援”。

放松和谐的家庭环境，首先应该是一个让人既不刻意挺胸又不畏畏缩缩，而能以自我本来面貌生活的环境。换言之，在这样的家庭中生活的每个人都能够保持自然而轻松的状态，可以彼此坦诚相待。

然而，只有这一点还不够。与此同时，最为关键的是“彼此体贴、互相关照”。

家人围坐一堂共进晚饭的时候，互相讲讲今天发生了哪些好事、哪些让人困扰的事。好的事情讲出来是为了获得赞扬和认同，强化正能量；困扰的事讲出来是为了纾解心情、得到建议，消除负能量。

围坐在餐桌前开展的会话，可以将孩子们在托儿所（幼儿园）或学校遭遇的烦恼、压力减半，同时让孩子们心中的愉悦情绪倍增。再加上一顿营养均衡的饭食，更能让孩子恢复活力。而由大家共同完成的饭前准备和饭后清洁，则能让繁琐的工作成为一桩乐事。

吃完饭大家一起收拾好碗筷，就到了家庭娱乐的绝妙时光了。大家可以玩玩纸牌游戏，父母教孩子一些知识、技能……总之，要创造出互相交流、互相帮助、彼此亲近、教学相长的良好氛围。

亲子间的小游戏能够吹散笼罩在孩子心头的压力。陪孩子一起入睡或者对他说句“晚安”，则能为孩子带来放松与安心，从而治愈他疲惫的身心。

这就是我们所要打造的放松和谐的家庭环境。

打造和谐、放松家庭环境的 5 个要点

接下来，让我们一起来看看如何才能创造和谐放松的家庭环境。

为了达到这一点，我们要做到以下 5 个要点。

要点 1　寒暄招呼不可少

要点 2　在餐桌上交流感情

要点 3　亲子互动游戏很重要

要点 4　让孩子帮忙做家务

要点 5　创造甜点、洗澡、读书的时光

让我们逐一来解读这 5 个要点吧！

要点1　寒暄招呼不可少

这里的“寒暄招呼”主要包括下面四项内容，每一项都不可或缺。

- ▶ 起床时——“早上好”&“早上好”。
- ▶ 出门时——“我走啦”&“请走好”。
- ▶ 回家时——“我回来了”&“你回来啦”。
- ▶ 睡觉前——“晚安”&“晚安”。

我们首先要认识到：寒暄招呼是一种认同对方存在的行为。

因此，当我们向别人打招呼却没得到回应时，心中就会产生“被无视”的愤怒；反之，当对方积极回应时，我们就感到心情很好。

我们平时可能更强调每天早晨的那句“早上好”，但其他场景下的寒暄招呼同样重要。

■ 治愈心灵的“晚安”

“爸爸，晚安。”

女儿每天睡觉前，都要推开书房的门对我说“晚安”才回房间睡觉。对我这个爸爸来说，每天听到这句话的瞬间，仿佛整颗心都被女儿治愈了。让女儿养成这个习惯，大约花了一年的时间。女儿每天先去她的祖母那里说“奶奶，晚安”，随后来我这里道晚安，再同妈妈一起睡觉。

母亲在两年前开始和我们同住。从那时候起，她教孩子养成了说“晚安”的习惯。起初，我们还常常听到女儿说“啊呀，忘记说晚安啦”之类的话，后来习惯成自然，她每天都主动来和我们说晚安。**（5 岁女孩的父亲）**

在上面的事例中，那个说晚安的小女孩，确实让人觉得美丽。对于父亲和祖母而言，说“晚安”的孩子显得更加可爱。

教养良好的孩子，会给周围的人带来温暖，也会被周围的人喜爱。

这就是有良好教养的结果。没有哪个孩子一出生就会同人打招呼。为了我们孩子的幸福，也为了孩子身边的人的幸福，我们应当认真培养孩子寒暄招呼的习惯。

其次，寒暄招呼是对话的开端。我们在打招呼的时候，通常要看着对方开口。而通过眼神的交流，能使对话进展得更加顺畅。并且，有了寒暄的契机，任何人都可以在没有“事情”的情况下开展对话。就这个意义而言，寒暄真是再好用不过了。

也有些家庭觉得“没事找话说简直浪费时间”，因此家中从来听不到寒暄招呼的声音。如果没什么事情的话，这种家庭从清早开始就陷入了一种沉寂。听起来似乎挺合理，实际上家中不安的气氛暗暗涌动，以致家人丝毫感受不到家之温暖。

再次，即使是一句简短的寒暄，也可以由此推断出别人的身心状态。

诸如“哎呀！你怎么看起来有些无精打采，是不是身体不舒服呀”“你的声音听起来很高亢呢，是不是有什么好事发生啦”，如果家长能从几句寒暄中感受到孩子心情和身体的变化，就能及时采取相应的措施。

我自己常常从孩子们说的“早上好”“我回来了”等招呼中，推测他们“心情挺不错”，抑或想到“啊呀，是不是发生什么不好的事情了”。这个方法几乎屡试不爽。

最后，寒暄本身就是一种亲子互动。

有时候，亲子之间会因为脾气不对而产生摩擦。即使在这样的状况下，我们也应该遵守“寒暄招呼不可少”的原则。这既可防止亲子关系的一味恶化，也可能成为修复关系的契机。

我曾有过因为女儿的言行而发怒，导致亲子关系僵持的经历。但是，与女儿之间的早、晚安和出门的招呼却没有落下。通过寒暄招呼的形式保持最低限度的交集，可以让双方都避免因关系恶化而产生焦躁，也自然能促进双方和好。容我多说一句，这个方法不仅适用于亲子吵架，夫妻吵架时也不妨一试。

寒暄是社会生活中最基本的礼貌。不仅在托儿所（幼儿园）、学校中需要，孩子长大步入社会后也是不可或缺的。因此，我们首先应该在家庭中培养这个习惯。

■ 寒暄习惯的养成方法与时机

要想养成孩子们主动寒暄的习惯，父母必须以身作则。清晨一句欢快温柔的“早安”，能让家庭一整天都洋溢着温暖和谐的氛围。如果孩子主动给予回应，一定要记得表扬他。

而另外一个要点是时机。这不仅仅局限于寒暄，对于所有家庭教育活动都至关重要。一般说来，寒暄招呼等基本礼貌的培养，应该在孩子进入托儿所（幼儿园）前后完成，最迟不能晚于小学入学前。规定在这个时期，是因为孩子在这个时期可塑性极强。上小学后，如果还想培养孩子的某种习惯，也应尽量放在低学年（8 岁前后）进行。一旦错过这个时期，孩子的自我意识初具雏形，会渐渐不再完全服从父母的教育。

正如俗话所说“凡事皆要趁热打铁”。趁孩子上小学前，好好完成习惯和礼貌的培养吧。

■ 特别推荐——“迎来送往”的寒暄

在我们家，出门和回家时，“迎来送往”的寒暄是必需的礼貌。“迎来送往”的寒暄可以增强家庭成员间的认同感，十分值得推荐。它可以使疲惫减半、精神倍增。这种治愈的力量，可不是花几千或几万块钱买台昂贵的按摩椅就能实现的。

要点2 在餐桌上交流感情

第 2 个要点，就是将吃饭时间变成家人可以其乐融融地交流互动的机会。

等饭菜都准备好才从自己的房间出来，吃饭时只顾盯着电视看，吃完饭马上转身回到自己的房间。这样一来，吃饭时间无论如何也营造不出其乐融融的氛围。想要创造快乐的用餐时光，必须要在这个时候互相分享一天中发生的趣事或感受。

我自己在家中施行着“Good and New”的要求。就是在晚餐时间，家人齐聚一堂，分享今天遇到的最快乐的事情，或身边发生的新鲜事。不论家长还是孩子都可以随意讲述。形式简单，实践容易，大家不妨一试。为了供各位参考，我以自己家为例简要介绍一下这个方法。

■ 营造其乐融融晚餐时光的窍门——“Good and New”

父亲:“那么大家都来说说今天有什么‘Good and New’吧。”

女儿：“第一个是‘女儿节[①]活动’！”

父亲：“女儿节啊。那活动中有什么开心的事，或者让你印象特别深刻的事发生吗？”

女儿：“有！今天吃到了超好吃的蛋糕！还有就是我学会骑自行车啦。”

母亲：“是呀。现在已经可以骑很远了呢。”

父亲：“爸爸我今天最开心的事，一是参加了女儿节活动；二是和大家一起出去玩。好久没在户外好好活动了，今天真的非常开心。”

……

那天，我们邀请了丈母娘和小舅子一起来庆祝女儿节，过得很是丰富多彩。但作为父母，我们只知道女儿今天参与了什

① 日本传统节日，用以祈愿女孩子健康成长。有女孩子的家庭，这一天会摆上人偶、白酒、菱饼、桃花等来表示庆祝。——译者注

么活动，却不知道这些事情中哪些让她最开心。通过晚饭时的分享，我们才得知了她的想法。

而被提问的女儿，也通过这个机会重新回顾一天中发生的各种事情，从而加深了记忆与感受。也就是说，这使得她的感动得以再现，并经由这种再现的过程，让她心中的“快乐”“美好”引起我们的共鸣。

这个方法能增进家人间的亲近感，治愈彼此的疲劳。若长期坚持下去，定能使家庭成员间的情感更加坚韧。

虽然只是不起眼的 15 分钟，这个习惯在我们家已经坚持了 10 年以上。这个其乐融融的时间最好可以设置在晚餐时，这样更便于大家分享当天的新鲜事，但如果家长或孩子回家时间较晚，也可以放在早餐时段进行。

当我们按照上面的方法创造出属于自己家庭的“Good and New”时，就会有很多意外的收获。比如，听到孩子们报告自己努力的小成果——“考试得了满分”“学会了双跳绳”……这时候，家长也应该不遗余力地给予赞扬，与孩子们分享这份喜悦。

有时，我们也能听到这样的消息。

“课间 20 分钟的休息时，我去练习马拉松了。”

“你这么努力啊。马拉松大会是什么时候呀？”

“×× 月 ×× 日。”

“是吗？！妈妈那天去给你加油哦。”

像这样，通过孩子们的分享，我们既可以表达对他努力的认可，又能顺便收集孩子在学校的活动信息，真可谓一举多得。

■ 既给校园生活带来启发，又能达到心理辅导的效果

孩子："我被选为读书委员啦，有没有什么好的活动建议啊？"

家长："给出关于内容的提示，让大家猜书名的小游戏怎么样？比如说，'狗、猴子、雉鸡'这三个提示的话，你会想到什么？"

孩子："哇，这个主意不错，我要试试看！"

这个方法可以达到心理辅导的效果，也能成为教育孩子的机会。比如，通过和孩子分享"儿童交通事故"的新闻，共同讨论事故原因和应对方法，一面引起孩子对此事的关注，同时教育他保护自己。

■ 在餐桌前进行"安全教育"——即时教育的绝佳机会

我在早晨出门前，一般会用五六分钟的时间将今天的报纸大致浏览一遍。同时用便签将重要的报道记录下来。9月3日记录的内容是"暑假最后一日的捕虫活动中，一名二年级小学生掉入蓄水池不幸身亡"的报道。这天晚饭，家人互相分享新鲜事的时候，我把这条报道讲了出来。

父亲："昨天，有个二年级的小学生掉到水池里溺死了。"

母亲：“天哪，怎么回事！”

父亲：“那天正好有捕捉昆虫的活动。据说这孩子看到什么虫子都想捉，结果竟然翻过了1.3米的围栏，跑到了水池边上。结果……”

女儿：“1.3米的话，比我还高呢。”

父亲：“那池水可是有5米深。过去那边也曾发生过中学生落水溺死的事故，所以，有关部门专门在附近竖起了‘危险勿近’的牌子，还架了一道围栏。再怎么想捉昆虫，靠近这种危险的地方也万万不可啊！”

女儿：“……”

母亲：“对，我记得之前有类似的事故。孩子自顾自跑走，离家长越来越远，最后从没有围栏的山崖掉落身亡了。”（向女儿传达即使没有架起围栏，有些地方仍很危险的信息）

父亲：“妈妈说得对。所以，下次咱们去旅游的时候，爸爸要走在最前面。这可不是说说而已，因为爸爸要先去探路，看看前面是否安全。”

如果发生了什么案件或者事故，一定要及时讲给孩子听。这一点非常重要。实际发生在周遭的事情，更能带来冲击力，能够成为珍贵的安全教育机会。

教育孩子保护自己生命安全尤为关键。像这样利用吃饭时间，及时向孩子传递安全教育信息，是个非常不错的机会。

而餐桌前分享的未必都是快乐的事情。有时候，我们能听到孩子们诉苦说“我被朋友讨厌了”“我被欺负了”等。

■ 心理辅导的机会

晚上 7 点，关掉电视，如往常一样开始了家人共进晚餐的时光。儿子今年春天刚刚上小学，我开口问他：“今天有什么好事发生吗？”

儿子：“XX 君真讨厌。他总说我坏话。”

母亲：“都说你什么了呢？”

儿子：“他说他讨厌我。”

母亲：“这……”

儿子：“老师分餐的时候，他偷偷说我的坏话，还踢了我。真讨厌！我听到他说不喜欢我。”

母亲：“哎呀，被人别说不喜欢，确实挺烦的。但是，妈妈最喜欢你了哦。”

回过头想想，儿子那天确实和平时的表现不大一样。言行举止都比平时看起来焦躁，我甚至想出言教育他。但当我明白其中缘由后，立即表示十分理解他这份心情，并且告诉儿子，爸爸妈妈最喜欢他了。他听完才看起来平静了一些。随后，我们按照惯例在晚饭后陪他玩纸牌游戏、念连环画给他听，他才终于恢复了平常的状态。儿子是个有什么不开心的事会憋在心里的人，能在餐桌上把这件事讲出来，对他自己也是一种纾解。通过这件事，我再次感觉到“借助晚饭围坐一堂”的宝贵时光真好。**（6 岁男孩的母亲）**

假设这个家庭在吃饭的时候，虽然围坐一堂，也不过徒有其形，每个人只顾着看电视，没有任何对话，事情又会变得不一样了。这个孩子不安焦虑的状态始终得不到缓解，可能还会因此遭到家长责备，而后直接上床睡觉。但在上面的例子中，因为有了其乐融融的晚餐时光，孩子可以讲出自己的不安，家长能充分理解孩子的心情，给予他鼓励和支持。

像这样，其乐融融的晚餐时光也能成为心理辅导的机会。就这个意义而言，我们应该鼓励孩子不仅讲述快乐的事情，有了不开心的遭遇也要及时分享。

另外，把这个时间当成讨论家庭日程安排的机会，或者迷你家庭会议的机会也未尝不可。比如，与家人共同讨论一些小计划——“× 月 × 日的马拉松大会，我们讨论一下能为孩子做点什么”“下个周末，一起去 ×× 公园赏花吧”，等等。

■ 培养会话礼貌的机会

除此之外，晚餐时光也能当作培养会话礼貌的机会。比如，可以借机教育孩子“认真聆听”“认真回答别人的提问（不接受孩子故意不回答）”等行为的重要性。

再来举个我自己家的例子吧。在我们家，如果没有特别的理由，决不允许任何人漠视别人的提问。这既是基于互相体谅、让对话更愉快地进行的规则，也是一种礼貌。当然，这同样适用在家庭以外的其他场合。

为此，家长首先要以身作则，认真倾听孩子的每一句话。

不能因为繁忙，就用“一会儿再说”“嗯嗯”之类的话敷衍孩子。家长的示范，既能让孩子有被尊重的认同感，又能帮助他学会倾听父母或兄弟姐妹的讲话。再推而广之，在托儿所（幼儿园）、学校，孩子也能养成认真倾听老师、朋友讲话的习惯。

另外，作为基本的礼貌，绝不能允许孩子对父母讲脏话。在我们家，有一次妈妈忘记帮女儿预约电视节目定时录制功能，女儿说：“你犯什么傻啊。”我随即强硬地斥责说：“你对妈妈说的是什么话？！马上道歉！”女儿马上向妈妈道了歉。

用“敬”的态度对待父母十分重要。任何轻蔑或者侮辱的言辞都必须严厉制止，绝不姑息。如果纵容孩子这种行为，长久下去孩子当真会不将父母放在眼里，甚至把这种态度延伸到其他长者身上。

综上所述，我们将“其乐融融的晚餐时光”所包含的 7 种教育价值总结如下。

- ▶ 彼此分享经历和体验，引起共鸣。
- ▶ 对孩子的努力和取得的成绩进行表扬。
- ▶ 听取孩子的困惑和烦恼，给予解决建议。
- ▶ 即时对孩子进行安全教育。
- ▶ 倾听孩子不愉快的经历，治愈他们心灵的创伤，同时起到心理辅导的作用。
- ▶ 了解孩子的校园活动，根据活动调整日程安排、计划周末的家庭活动。

▶ 教授用餐、会话的礼仪。（学会聆听别人的讲话、认真回答别人的提问、不讲粗鲁无礼的话等）

好好利用这段时光的家庭，会与那些速速吃完饭，各回各屋的家庭产生天壤之别。

事实上，那些来自其乐融融家庭的孩子，不仅更富有活力，还能在知识、精神和社会性方面得到更好的发展。

要点3　亲子互动游戏很重要

第 3 个要点就是亲子间需要时常进行亲密互动的小游戏。

孩子本来就是充满活力、爱玩好动的存在。他们不只希望家长能陪他们讲话，更喜欢有人陪他们游戏。满足孩子们这种活动的需求，是让他们恢复精神的好方法。

话虽如此，我知道诸位每日已经为各种事务忙得不可开交了，那么该在什么时候，花费多少时间来陪孩子活动呢？我想，如果父母双方都有工作的话，那么晚饭后的时间相对合适；如果母亲是家庭主妇，那么放在白天也未尝不可；也有的家庭觉得早饭后最容易腾出时间。总之，可以根据各自家庭的情况来调整。

活动时间 10 分钟左右就足够了。如果把准备和收拾也算在内，大概需要 15 分钟。这么短的时间，想必父母就算有些疲惫，也还是可以陪孩子玩一会儿的吧。

甚至，家长若做不到每天抽时间，每周固定陪孩子玩两三次也可以。

这种亲密互动的游戏，应优先选择能回应孩子需求的类型。但像观看 DVD 这种毫无互动的活动，我们并不推荐。特别是对于小学低年级的孩子，尽量不要玩电脑游戏，而是选择一些运动身体的活动为佳。

右边的页面上,展示了一些值得推荐的“室内亲子互动游戏”。

一般情况下，孩子到 10 岁之前，都会很喜欢和家长一起玩这些室内游戏。右边这些游戏是以 10 岁为界限列出的室内游戏清单。

可能有人看了会问：“足球或棒球也能在室内玩吗？”只要家里有 10 平方米左右的空间，就没有问题。比如，足球可以这么玩：用沙滩球代替真正的足球，两个人各站一边，谁将球踢到对方所在的那边墙壁就算进球。用这个规则，三四个人也可以玩。棒球的话，只要有塑料球棒和海绵投球就够了，也不必设置打几垒的规矩，一个人投球，另一个人击球就好。打五次后角色对调。规则简单，运动量适中，女孩子也可以一起玩。

能运动身体的室内游戏

- 沙滩球
- 足球
- 保龄球
- 投接球
- 棒球
- 钓鱼游戏
- 套圈
- 投球击物
- 相扑
- 压大拇指游戏
- 柔道

知识性的室内游戏

- 纸牌
- 模拟商店
- 过家家
- 双陆棋
- 翻花绳
- 抽积木
- 成语接龙

既可独玩也可共玩的游戏

- 堆积木
- 捏黏土
- 剪纸
- 折纸
- 填色画
- 简笔画
- 拼拼豆豆

再譬如用击物的方式，在椅子上放一个毛绒玩偶，看看谁能用海绵球把它打下来。不要拘泥于一种形式，也可以让孩子思考新鲜的玩法。

当然，如果活动时间可以安排在白天的话，我们更推荐在公园用游乐设施（秋千、攀登架、滑梯、单杠、沙坑……）活动。条件允许的话，也可以带孩子去游泳或者垂钓，等等。

“互动游戏”的核心宗旨是亲子间的亲密互动，因此不必拘泥于形式，只要是可以实现这个目的的活动都可以。为了让孩子获得满足，家长应该尊重孩子的意愿，让他们掌握游戏的主动权。

说到底，我们和孩子玩这些游戏就是为了让他们开心。所以，在活动中，家长需避免“你这样可不行”“你怎么这么笨”等批判否定的语言；多使用“对的呢”“真棒”等赞同表扬的语言。

家长和孩子一起游戏的益处绝不限于让孩子恢复充沛的精力。我们常说“寓教于乐”，孩子可以在游戏中学到很多事情，比如下面这些方面。

- ▶ 沟通能力
- ▶ 社会性（了解并遵守游戏规则，不耍赖、接受失败、为对方考虑）
- ▶ 运动能力（投与接、走与跑等基础运动能力，眼手协调、手指灵活性等）
- ▶ 坚韧的品格、集中力

- 安排筹划能力（游戏前后的准备与收拾）、计划性
- 多方面的知识能力（根据每种游戏不同特性培养语言能力、数字处理能力、想象力、创造力）

更重要的是，亲子关系会在这些游戏中得到强化。这样快乐亲密的互动，不仅是一石二鸟，而且能达到一石三鸟、四鸟的效果。

游戏时间虽说只有 10 分钟，但已足够让亲子进行互动。而且，10 分钟的时间不会让人过于疲惫，更容易坚持下去。

同时，对孩子而言，不但游戏内容符合他的喜好，还能和最喜欢的爸爸妈妈一起游戏，即使时间不长也已经很满足了。

看到孩子露出快乐的笑容，是做父母最欣慰的事吧。

只要 10 分钟就好，和孩子快乐地游戏吧！让游戏帮助我们加深亲子间的情感，增加彼此的信赖吧！

要点4　让孩子帮忙做家务

要点 4 是“让孩子帮忙做家务”。这个方法包含了增加交流沟通、培养孩子为别人考虑的习惯等多种教育价值。掌握煮饭、洗衣、扫地等基本生活技能，也对孩子今后的独立生活有所帮助。

这里可以举的例子实在太多，我就不再赘述。我们可以从要点 2 中提到的“一起用餐”发散思维，比如让孩子帮助装盘端菜、收拾碗筷，这能使餐前和餐后的气氛更加其乐融融。

母亲一个人忙于准备晚餐、收拾碗筷，孩子却不闻不问地坐在那里看电视，这种做法在家教礼仪方面也不值得提倡。

让孩子作为家庭一员帮忙做家务，是育儿时格外重要的一件事。我们会在第 3 章的原则 5（P123）中具体解释这一点，请对照阅读。

要点5　创造甜点、洗澡、读书的时光

阅读过前面的内容，肯定有很多人要发出诸如“回家已经八九点钟了，就算想和孩子一起吃饭，也实在办不到啊”的不满呼声。

那么，面对这种情况该怎么做呢？别担心，我们有变通的方法——“创造甜点、洗澡、读书的时光”。

■ 创造饭后的“甜点时光”

如果是“甜点时光”的话，即使回家过了八点也没有关系。从肠胃健康的角度而言，吃一些容易消化的水果是个不错的选择。只要一端上孩子们喜欢的水果，他们就会像见到花蜜的小蜜蜂一样围上来。父母看着他们吃得很开心的样子，很自然就能说出“今天怎么样呀”的话。

“甜点时光”的注意事项：不能让孩子吃完就走。要让他们养成在吃甜点的同时说些自己的事情的习惯。另外，即使是高年级的孩子，父母也不能因为要考试、做作业的理由，而将甜点送到孩子的小房间去。

■ 活用洗澡时间

洗澡是个与孩子肌肤相亲的好机会。在放松的气氛中随便聊聊天，也可谓是一种很好的互动。

在洗澡时，可以和孩子玩些浴室内的小游戏。比如，背后猜字、成语接龙、石头剪刀布，等等。

在身心放松的环境下，孩子也更愿意与家长交流，不妨在洗澡时试试“Good and New”的方法。

我自己也常常会问孩子发生了什么开心的事，或者聊一些他想讲的话题。除了“今天有什么快乐的事情”，还需要考虑一些后续的问题。只要是孩子想到就会开心的事情，他就能滔滔不绝地讲给你听，亲子间的聊天会变得十分欢乐。

有时候父母出于担心，总习惯于询问孩子“今天有什么不开心的事情”“有小朋友欺负你吗”这类型的问题（在漫长的一天中，有一两件不顺心的事情实属正常），这很容易使聊天气氛一下子沉闷起来，孩子会渐渐变得不愿意和父母讲话。

当然，不排除有些孩子希望别人问他不开心的事情。具体情况，要家长结合孩子的表情和言行来判断。

如上所述，家长们务必要好好利用洗澡时光，让我们与孩子一起洗去身心的污垢和疲惫吧！

■ 创造睡前的阅读时光

如果孩子年纪还小，那么可以用 5~10 分钟的时间读几篇绘本故事给他听。当然，如果家长很疲惫的话，选一两篇读也可以。

我有幸从一位朋友那里听来下面的例子。这是一段有助于加深亲子间羁绊的“睡前读书”时光。

从儿子 1 岁开始到他 10 岁，我始终坚持睡前为他读书。一起躺进被窝里，读些他喜欢的故事，对我而言是再幸福不过的亲子时间了。儿子也觉得能在爸爸怀里听有趣的故事十分快乐。

“爸爸，继续读下去嘛。”儿子的声音至今在我耳畔回绕。

睡前读书是促进亲子关系的绝佳手段，也是锻炼孩子头脑和心灵的好机会。我平时工作很忙，不常有机会与家人一起吃晚饭，唯有睡前读书这件事，我始终坚持不懈。

现在儿子已经中学三年级了，是个十分热爱读书的小伙子。他对我说:“爸爸从小读书给我听的事情让我印象很深刻。”**（15岁男孩的父亲）**

这位父亲即使在工作十分繁忙的情况下，也不忘与孩子通过“睡前读书”互动。这不仅加深了父子间的感情，同时为孩子养成了读书的好习惯，今后在学业上也会对孩子产生诸多裨益。因此，“睡前读书”对孩子身心成长的贡献不可谓不大。

如果对某些家长来说，做到睡前读书比较困难，那么在孩子上床后亲亲他的脸颊，对他说句“晚安”吧。然后，将互动的时间移到次日早晨，或者周末集中完成。

再次强烈建议各位家长，必须保证每周至少有一次亲子活动。

若掌握以上的 5 个要点，那么就能让整个家庭拥有轻松愉快的氛围，并能从运动性、情绪性、社会性、知识性等方面帮助孩子成长。

即使孩子在学校中感到疲惫，只要一回家，这种倦怠感就能一扫而空。并且，他可以在家庭中学习到各种知识、技能，汲取这些养分茁壮成长。

父母也同样，即使在工作中感到疲惫，只要一回家，就能被家庭温馨的气氛感染，重新恢复精神。

即使再忙也没关系！一定做得到的3个方法

“将家庭打造成温馨和谐的场所？听起来确实是个很棒的想法，但我每天回家都过了 9 点了，实在没办法啊！”

这样的呼声时有耳闻。现实生活中，操作起来确实不是易事。譬如“工作很忙”等理由，常常会成为我们创造舒适家庭环境的阻碍。

在此，我们要向大家介绍几种克服此类困难的方法。

方法1　必须设立“亲子日”

对于那些经常晚归的父母而言，每天都预留出亲子时间确实比较困难。因此，每周至少一次，将周六或周日设立为“亲子日”不失为一个良策。即使是工作十分繁忙的父亲，也需要参与到这一天的活动中来。

这种方法是否比每天都创造亲子时间要可行呢？如果不能将完整的一天当作“亲子日”也没有关系。因为“在附近的公园游戏”“带孩子去游泳”“陪孩子玩纸牌等室内游戏”“和孩子玩传接球”等活动，大约腾出两个小时就可以了。

最重要的是“必须设立‘亲子日’”的坚定决心，并且要将此事坚持下去。

但对于那些没有“与家人过周末”习惯的职场人而言，即使只拿出短短一小时，也并非易事。

我自己也曾在“亲子日”因为想优先完成某项工作而遭到妻子的责备。直到一年以后，这件事才彻底内化成一种习惯。

如今，我可以毫不犹豫地断言，设立“亲子日”这件事颇有裨益。通过“亲子日”，我收获了许多快乐的家庭时光，加强了与家人的联系，成为了一名在家庭中有着举足轻重的作用角色——父亲。

某位知名企业的社长，即使在非常繁忙的创业阶段，也始终确保每周的亲子时间（每周 1 次，每次 2 小时）。

总而言之，关键是我们坐言起行的态度与决心。通过是否设立“亲子日”也可以看出一个人是否真正重视他的家庭。工作固然重要，但也请各位家长想一想，陪伴孩子成长的短暂时光，一旦错过便不复重来。这何其难得，又何其珍贵！

方法2　消灭“大恶魔”——电视、电脑

电视、电脑常常会成为亲子聊天和互动的阻碍。

在家人围坐一堂共进晚餐的时候，最好能把电视关掉，除非有什么大新闻。而饭后玩电脑这件事，从最开始就应该明确规定好是否能玩、玩多久。

这个规则，不仅可以运用在日常家庭生活中，在旅行的时候同样适用。我曾多次见到去温泉胜地旅游的家庭，在明明是绝佳放松的泡澡时间里，孩子却和父母一句话都不说，只顾着玩游戏机。

有一家温泉旅馆的老板倡导无电视主义。曾有位爸爸看到

房间里四处找都不到一台电视机，遂冲老板抱怨道：“连个电视都没有，像什么话！”但这家人却在晚饭后，享受了一段其乐融融的扑克牌时光，正可谓是应了老板的初衷。

顺道提一句，在孩子 10 岁（至少 8 岁）生日前，不要给他买电脑游戏类产品。（详细介绍见第 3 章原则 6，P132）

方法3　不要用学习填满孩子的日程

孩子愿意和父母亲密游戏的想法，大约到 10 岁就会消失了。在如此宝贵的成长阶段，如果孩子从学校回来仍旧埋头于各种学习当中，那家长便会丧失与孩子亲密互动的机会。

孩子之所以会想要和家长有亲密互动的游戏时光，是因为它是该成长阶段必要的互动。因此，趁孩子还没长大，尽情陪他玩耍吧！

“喂，爸爸，陪我玩会儿。”要知道，孩子这样向你撒娇的样子不是永远存在，亲子间的亲密互动其实有“保质期”。就像刚才提到过的，一旦过了 10 岁，孩子渐渐开始不想和父母有这种亲密互动了。那时候，他更倾向于和同龄的孩子一起玩耍。

家庭环境放松和谐，孩子必会发生改变

营造出温馨放松的家庭环境，孩子在学校积攒的疲惫就会被家人治愈，他会再度以饱满的精神迈入校园。这种环境可以有效地防范学习成绩差、霸凌、逃学等问题。

这么说，我们是不是提倡家长无论身心多么疲惫，也得强打起精神教育孩子？

不，并非如此。让孩子放松的地方，同样也应该让家长得到放松。家长在工作中累积的压力可以通过亲子间的互动缓解。比如晚饭后的纸牌游戏大会，成人后很少再玩这种游戏了，不过一决高下的心情却是实实在在的。像扑克牌等游戏，孩子也能轻易掌握，别掉以轻心，他很可能会成为你的劲敌哦。

在家人的欢声笑语中，工作中的压力和人际关系的烦恼仿佛一扫而空。

我们平时缓解压力的方法无外乎独自喝喝咖啡、独自大吃一顿、独自听听喜欢的音乐，等等。这些方法当然都有一定效果，但是“让配偶听听自己的牢骚”“和孩子玩玩游戏”“家人一起享受美食”等家庭活动更行之有效。这样，家长们也能消除工作中积累的压力，再度以饱满的精神踏进职场。

孩子们常常有被老师责骂、和朋友吵架、学习内容不明白的经历，这会让他们感到压力，变得焦躁。正是此时，他们才更渴望父母能倾听他们的心声，陪他们玩玩游戏，一起享受美

食，通过这些互动减轻他们心中不安的情绪。来自父母的安抚，将对孩子产生巨大影响。

父母应做出关怀体贴家人的表率，这并非易事。疲惫归家的父母，其实也希望成为被抚慰的一方。但是，我们需要为孩子考虑，适当做出牺牲。即使回家时已经很疲惫，父母也应展示出对家人的体贴和关怀，起到示范作用。培养出懂得体贴家长辛劳的孩子，就是最好的回报。下面我们要介绍一个温柔体贴的孩子。有这样的孩子，父母无论再累，都能瞬间被他治愈。

■ 洗干净的碗碟

晚饭后，我匆匆忙忙收拾了一下碗筷，就赶忙出门去参加家长教师协会的会议了。大约 9 点钟回到家，推开门一看，发现碗碟全都被洗得光亮如新，整整齐齐摆放在碗柜上。原来是孩子们体贴妈妈的辛苦，主动将晚饭的餐具收拾洗净了。看到那些干净的碗碟，我的疲惫一扫而空。孩子如此懂得体贴照顾别人，我真是太欣慰了。**（9 岁女孩和 7 岁男孩的母亲）**

容我再强调一次，当家庭对于孩子而言是“放松和谐的场所”时，孩子能够更好地恢复精力，以更饱满的精神面对外界的种种挑战。而温馨和睦的家庭环境，无论对孩子还是家长而言，都是强有力的杂质过滤网。

第3章

儿童教育9原则

在此书开篇的时候曾介绍过，作为本书的作者，我有着30年丰富的教职经验和16年身为人父的育儿经验。本书第3章将介绍我以多年经验总结的儿童教育9原则。我相信这些原则一定可以解决很多育儿的困惑，为各位的育儿活动带来启发与帮助。

原则1 规划培养孩子的蓝图

原则2 激发孩子兴趣，调动孩子的积极性

原则3 让孩子在“能”的基础上挑战

原则4 Never，never，never give up！

原则5 培养孩子成为家庭小帮手

原则6 规范教育环境，远离“现代凶器”

原则7 重新确立话语权威

原则8 给孩子有效的指令

原则9 不要被感情左右

原则1　规划培养孩子的蓝图

■ 你有教育的蓝图吗?

全国有不计其数的中小学，每所学校毫无例外都有自己的“学校教育目标”。教育目标主要阐释该学校旨在培养什么样的学生，也就是所谓的“教育蓝图”。在明确该目标的基础上，全校教师通力合作，为达成学校的教育目标而共同努力。

大家上网搜索，很轻松就能查到自己孩子所在学校的教育目标。比如：培养有“人之自觉”的孩子；培养能够继承、发扬、创造文化的孩子；培养有国民自觉性的孩子；培养健康且富有活力的孩子。

然而，让人觉得不可思议的是，在家庭教育中，大多数家庭对于“想要培养什么样的孩子”，并没有明确概念。

这就好像是在没有图纸的情况下去建造一栋房屋，很可能会建造出一栋金玉在外、败絮其中的房子。

如果育儿的蓝图不甚明确，那么我们就很难判断什么应该被拒之门外（防波堤的作用），什么又值得奖励（为孩子创造更好教育环境的作用）。

也就是说，在这种情况下，家长对教育内容和教育方法的选择标准十分暧昧，亦没有从始至终的一贯性。更进一步看，家长不知道如何发挥自己的模范带头作用，不清楚何时该褒、何时该贬，赏罚标准不明确，极容易流于周围的价值观和一时的情绪。这样左右摇摆的态度，如何能培养出优秀的孩子呢？

除此之外，夫妇彼此价值观不合的情况也时有发生：一方说好好学习；另一方则认为比起学习应该让孩子帮忙做些家务。两个人把孩子夹在中间左右为难，不知如何是好……

所以，各位父母务必要先确立一个统一的育儿蓝图。

设计育儿蓝图的 2 个要点

那么，究竟怎样的育儿蓝图（家庭教育目标）才是正确的呢？下文将以 2 个要点进行说明。

要点1　孩子的行为是父母价值观的反映

在教育现场有一个非常显著的特点：孩子会朝着老师认为重要的方向成长。比如，如果学校认为“寒暄很重要”，并朝这个方向引导，孩子自然会在寒暄礼貌上有更好的表现。或者，学校认为“学习很重要”，并加强这方面的辅导，孩子们的成绩也能随之提高。

为了让孩子们贯彻某种重要的价值观，教师们会采取相应的教育措施。自然而然，他们看到符合这种价值观的行为便给予表扬，看到违反这种价值观的行为就进行批评。孩子们就会如同向光植物那样，朝着日照的方向成长。

在家庭中亦是如此，孩子会朝着父母认为重要的方向成长。

如果父母认为互帮互助很重要，那么就好好培养孩子帮家长做家务的意识。这样一来，如果孩子一味坐在电视、电脑前，不帮家长做事，就势必会成为被斥责的对象。如果父母认为学习很重要，那么就应该花功夫多给孩子读书，培养他热爱读书的习惯，而且应该亲自参与学习辅导，或者给孩子报补习班。总之，孩子受到家长种种行为影响，渐渐会朝着某个方向成长。

也就是说，当父母将自己认为重要的事情明确为“育儿蓝图”时，孩子就会朝着这个蓝图所指引的方向成长。

孩子会感受到父母心中重要理念所传递出的力量。家长不应因流行和周围的价值观而动摇，而应始终如一地坚持自己的方向。

当有了这种蓝图，家长也会自发地为了实现它而积极收集必要信息。

以我们家为例，我们夫妻商讨过后，将我家的教育蓝图设计如下。

■ 育儿蓝图——“你想培养什么样的孩子”

- ▶ 体贴的孩子（会站在别人的角度思考问题）
- ▶ 开朗有活力的孩子（健康、积极向上）
- ▶ 与人主动打招呼，有礼貌的孩子（早上好、我出门了、我回家了、晚安……）
- ▶ 家教良好的孩子（脱好鞋子放整齐、主动说谢谢和对不起）
- ▶ 聪明的孩子

- ▶ 做事井井有条的孩子（计划性）
- ▶ 懂得自我保护的孩子（预知危险、回避危险，保护人身和财产安全）
- ▶ 与别人合作的能力（共同体意识、社会性、协调性）

简言之，就是“聪明、健康、体贴”。

要点2　德智体全面发展

这个要点告诉我们，孩子的成长需要头脑、心理、身体三方面并重。

孩子成长需要具备社会性。我们对于这一点的诠释可以总结为“聪明、健康、体贴”。我们常常见到在一些家庭里，家长育儿的目标仅仅局限在“学习好就可以”上，这个想法尚需商榷。

■ 只要会学习就 OK 吗?

有一位叫节子的母亲，读了几本幼儿教育的书籍后，就径自制定出“只要学习好就够了”的教育方针。

节子用卡片教孩子识字。她拿着写满密密麻麻字句的卡片，快速、大量地展示给孩子，让他记忆。但在让孩子识记动物、昆虫的名字时，却常常使用图画书（非实物）。

节子确实培养出了学习成绩优异的孩子。但这个孩子却一味地黏在母亲身边，没有同龄朋友，连倒茶这种小事也不会做。

总之，除了学习什么都不会。就这个意义而言，节子的教育目标“只要学习好”确实是实现了……

如果仅强调一个方面的发展，那么独立性、社会性、基本的运动能力都会缺失，生活自理能力欠佳的孩子能否在今后漫长的人生中获得幸福的生活，让人怀疑。

除了学习，家长还有可能执着于“足球踢得好（钢琴弹得好）就够了”“只要有生活能力，学习无所谓”等方面。这样失去平衡的教育方针其实是很危险的。这种教育方针也许可以满足父母的欲望，却忽略了孩子的感受。

父母的育儿蓝图（家庭教育目标、方针）将会对孩子的成长起到决定性作用。

上面例子中的节子妈妈如果将教育方针改成“培养出独立自强、运动能力和社会性兼备的孩子”，那么孩子的情况可能会大有不同。

就像那句老话“德智体全面发展”说的一样，孩子的头脑、心理、身体三方面需要并重。家长应该兼顾孩子的社会性，设计出一个合理均衡的育儿蓝图。

专栏 1 在不同阶段赋予孩子不同的挑战课题

那已经是 25 年前的事情了。

那时候我正好担任小学一年级的班主任，有一位经验丰富的女老师对我抱怨道："A 君那个孩子啊，整天一副呆呆的样子，做什么都比别人慢半拍。不过，最近我得知了原因。原来 A 君是家里的长孙，和他一起住的祖父、祖母实在是太宠他了……早晨去上学的时候，一伸脚鞋子就有人帮他穿上，书包也有人帮他背上。这样下去怎么行啊……"

孩子在不同的发育阶段都有相应的课题与挑战。自己起床、自己穿衣、自己刷牙、自己收拾……教会他们如何完成这些课题才是父母的作用。

因此，自己穿鞋、自己背书包等自然是孩子该独立完成的事情。而当祖父母帮孩子做了这些事情，没有使他得到相应的锻炼，就会渐渐产生一系列连锁反应。比如，在学校反应迟钝，屡屡被老师说教。其实，孩子自己也觉得很难受吧，在家里明明一切事情都有人帮他做，在学校却什么都得自己完成……

如果不让孩子自己面对这些挑战，他永远无法成长。

到底是什么影响了 A 君的成长呢？

毋庸置疑，原因在于祖父母的教育方式。

那么，祖父母又为何会采取这种教育方式呢？

一些祖父母（有时是父母）希望孩子永远都是个孩子，永远宠着他。虽然这么用词有些过分，但这种愿望确实是把孩子当成宠物（人偶）来溺爱。说到底，这仅仅是祖父母（父母）的一个愿望，而并非他们的作用与责任。

为了让我们的孩子今后能够快乐地独立生活，家长就不该将他们牢牢握于掌中，分毫不放。

勇敢地让孩子去尝试他应该面对的挑战吧！

原则2　激发孩子兴趣，调动孩子的积极性

孩子无法积极参与某件事（游戏、学习等）的重要原因就是“没有干劲”。

面对这样的孩子，父母总是认为：如果能力不够也就罢了，明明可以做到，为什么不做呢？因而常常选择奖励与斥责的方法来教育他们，即所谓的“胡萝卜加大棒”的方法，以外部动机促使孩子行动。

承认孩子会“因为不想做而不做”

当孩子明明有能力或有可能去做一件事，但却不去做的时候，通常是因为他们对这件事不抱有兴趣。

父母首先应当认同“因为不想做而不做”这一“冠冕堂皇”的理由。很多时候，反而是这种认同更有助于问题的解决。

■ 大吵大闹不愿在学校体检的孩子

有一个名叫悠太的小朋友因为觉得“太可怕”而拒绝在学校做体检。老师们当然知道体检的意义和价值，而且如果今天不在学校做体检的话，之后父母仍要带他去医院体检。但悠太怎么都不愿意，老师们只好抓住悠太的手脚，把他抱到医生面

前。奈何悠太一点儿也不配合，最后体检仍以失败告终。之后，悠太的父母带他去医院补做了体检。

教师对于体检的意义和价值知道得一清二楚，但悠太却不明白。他只是觉得张开嘴巴做检查是一件很恐怖的事情，所以始终保持着抗拒的态度。而那些明白张开嘴巴、伸展手臂的体检项目都是有意义和价值的孩子，则会听话地按照医生的指示行动。

这种情况下，比起强硬地把孩子带去医院补做体检，家长更应该花些工夫向他说明“体检的意义和价值”，让孩子理解其中的益处。

“因为不想做而不做”是不被允许、该被斥责的事情——如果家长被这种想法束缚，就很难再换个角度思考如何激发孩子的动力和干劲了。于是，责备训斥愈演愈烈，亲子间的关系也日渐恶化。

家长应承认“因为不想做而不做”也是一种极其正当的理由，应该停止一味地训斥，转而从更有建设性的角度思考“如何激发孩子的动力”。

激发孩子动力，先要培养兴趣

那么，我们怎么做才能激发孩子的动力呢?

首要的方法就是让孩子对这项活动产生兴趣。

而兴趣的产生，要基于对该项活动意义和价值的认知。

美国的哲学家、教育学家、社会思想家约翰·杜威说："兴趣一词，从英语语源来看，原本是指'居间的事物'，即把两个本有距离的东西联络起来的事物。……儿童在学校学习的时候，他现有的能力是开始的基础，教师所持的目的是远处的终点。在这两者之间有方法，即居间的种种情况：如要做的动作、要克服的困难、要应用的工具……这些'居间的情况'所以能使我们有兴趣，正是因为我们如要使得现有的活动向前发展，达到我们所预见的目标或欲得的结果，全靠这种'居间的情况'。要用居间的事物来成就现有的倾向，做事的人与他的目的当中须有居间的方法，做事才能有兴趣。这其实都是指同一件事情，只是说法不同罢了。"

也就是说，假设孩子想要攀登一座山峰（目的），那么所有和这个目的相关的事情，都会成为兴趣的对象，比如行程、天气状况、登山要领、登山装备以及各种经济方面的准备……都会成为兴趣的对象。

对于想要登山的孩子而言，如果互联网能帮助他获知天气状况，他就会对学习互联网的使用方法产生兴趣。

再回到我们之前的例子上，如果孩子希望自己远离疾病（发烧很难受，得病了要打针很痛……孩子很讨厌这些），那么为了保持健康的状态，“体检”就是一个有意义、有价值的手段，因而可以唤起孩子的兴趣。

将兴趣原理应用于教养和学习

我们可以将兴趣产生的原理应用在教养礼貌和学习习惯的培养上。我们先来看一个教养礼貌的例子。

■ 为争年级第一牺牲睡眠时间的孩子

有一位名叫洋介的小朋友，为了能考到年级第一，给自己定下每天只能睡 6 个小时的规定。父母不赞同他这种做法，反复提醒说：“比起成绩，身体更重要啊。”但洋介一点也听不进去。

某一天，洋介突然问爸爸：“爸爸，我怎么做才能长个子呀？”爸爸得知，洋介特别想长得高高的。

爸爸查了资料后告诉洋介，要想长高，充足的睡眠十分重要。人在睡觉的时候，会分泌促进身体生长的激素。经过父亲一番通俗易懂又不失科学性的讲解，洋介终于认可了父亲的说法，决定改变自己只睡 6 小时的规定。

当洋介长高的愿望十分强烈，并且明白了早点睡觉以确保睡眠时间充足可以帮助他长高的时候，他自然而然会采取相应的行动。

学习一事也是同样道理。

■ 保龄球游戏唤起孩子对数学的兴趣

假设家长想教给孩子“从1数到10”“10以内的加减法”“比较10以内数字的大小”时，不妨试着通过保龄球游戏来激发孩子的学习兴趣。不必找专门的道具，用塑料瓶或饮料罐和橡胶玩具球即可。

如果将规则设定为单次投球后击倒球瓶数量最多的人获胜，孩子很自然就会对“比较10以内数字的大小”产生学习的兴趣。当孩子需要计算自己击倒了几只瓶子，或者还剩余几只瓶子的时候，也能锻炼“10以内的减法计算”。

如果将规则设定为两次投球后击倒球瓶数量最多的人获胜，孩子就能练习“10以内的加法”。若是觉得10个瓶子难度太高，5只瓶子也未尝不可。

我自己曾多次用这种方法指导孩子学习。孩子通过游戏，对“10以内的加减法”产生了浓厚兴趣。因为游戏本身具有趣味性，孩子百玩不厌，也因此反复锻炼了他的计算能力。

当然，家长们可以集思广益，除了保龄球外，钓鱼等益智类的游戏都可以当作培养孩子计算能力的好帮手。

如上所述，我们可以运用兴趣产生的原理，来唤起孩子的兴趣。这有助于将家长的愿望（希望孩子早些睡觉、希望孩子努力学习……）转化为孩子本人的愿望。这样一来，家长也不必再因为孩子不想做而责备他，或是为了让孩子努力而用物质奖励的方法了。

兴趣原理的活用——“兴趣矩阵”

在前文关于体检的事例中，悠太小朋友肯定也希望自己身体健康。那他为什么仍旧不愿意体检呢？是因为他不明白身体健康和体检之间的关系。也就是说，对孩子而言，事实上的关联没有用处，他们自己认识到两个事物之间的关联才是重点。

在活用兴趣产生的原理时，我们需要注意以下要点。为了方便大家掌握，我设计了坐标轴的方式来说明。

■ 纵轴为对主行为的兴趣度，横轴为该行为和其构成部分的相关度（贡献度）

首先，请大家在脑海中描绘出一个坐标轴。

纵轴为对主行为的兴趣度。比如，孩子对保龄球游戏本身的感兴趣程度。

横轴为该行为（目的）和其构成部分的相关度（贡献度）。

同样拿保龄球游戏来举例，构成保龄球游戏（以获胜为目的）的有“朝着瓶子投球”“数出击倒瓶子的数量”“比较击倒瓶子的多少”几个部分。这几部分活动和该行为的关联十分紧密。

如果把它制成坐标轴，就会分为 87 页所示的几个区域。

从坐标轴来看，区域Ⅱ显示出“对主行为的兴趣度”和“主行为与其构成部分的相关度”越高，越能激发孩子的兴趣。

比如，保龄球游戏（主行为）中，数出击倒瓶子的数量的行为（构成部分）是有意义、有趣味的行为，同时也是可以激发孩子兴趣的行为。

我们依次来看看坐标轴中另外几个区域。

- ▶ 区域Ⅰ 对主行为兴趣较高，但对相关度较弱的行为不感兴趣。
- ▶ 区域Ⅲ 最坏的情况，孩子对主行为和构成部分均无参与欲望。
- ▶ 区域Ⅳ 即使构成部分与主行为相关度很高，但由于孩子对主行为没有兴趣，因此对构成部分也没有参与欲望。

在“区域Ⅲ”情况下，我们不得不依靠赏罚等外部动机来刺激孩子。但即使这样，也很有可能出现如体检例子中“劳多功少”的结果。

这种情况下，我们无法激发出孩子的兴趣。虽然学会看天气预报可以帮助孩子完成登山活动，但孩子对登山活动本身就没有兴趣，自然也不会想要学习看天气预报的方法。

优化“兴趣矩阵”，调动孩子积极性

为得到坐标轴的区域Ⅱ“对主行为的兴趣度”和“主行为与其构成部分的相关度”两者皆高的结果，我们主要可以从两方面来努力。

第一，提高对主行为兴趣度的努力。

以保龄球游戏为例，可以通过缩短瓶子与投球点的距离等

兴趣矩阵

对主行为的兴趣度（纵轴）

（⇑高）

Ⅰ对主行为有参与欲望，但对构成部分没有参与欲望

（⇐低）

Ⅱ兴趣度相关度皆高

（→孩子对构成部分也有欲望参与）

（⇒高）

Ⅲ对主行为和构成部分均无参与欲望

（→不得不依靠赏罚等外部动机来刺激孩子）

Ⅳ对主行为本身兴趣不高，因此即使构成部分相关性很强，也无法引发孩子的参与欲望

（⇓低）

主行为与其构成部分的相关度（横轴）

方法来降低难度，从而增加游戏的趣味性，使孩子对相关度很高的“数出击倒瓶子的数量”这一构成行为产生浓厚的兴趣。

第二，为提高构成部分与主行为的相关度（达成主行为目的的贡献度）而做的努力。

如果我们一直只是很机械地以击倒瓶子为目的来玩保龄球游戏，不妨试着将规则改成“数出击倒球瓶的数量，击倒球瓶数量多的一方获胜”。这样一来，“数出 10 以内的数字”“10 以内的数字比大小”就会成为相关度很高的构成活动，成为孩子感兴趣的对象。

也就是说，想要提高构成部分与主行为的相关度，通过改变游戏规则的方法就可以实现。

但我们首要的任务是，让孩子体会到主行为本身的趣味。以保龄球的例子来说，就是让孩子充分体会保龄球的乐趣，即享受投球击瓶的一系列过程。在此之上，循序加入“击倒瓶子多的一方获胜”的规则，有意识地对孩子进行引导。

专栏 2 基于兴趣原理挑选图书

小学二年级的女儿阿梓特别喜欢电子游戏《甲虫王者》。某次，我偶然从图书馆借到一本儿童图书《甲壳虫》，回家后为女儿读了里面的故事。

书中采用了很多职业摄影师拍的照片，形象生动，魄力十足。书中文章是简单易懂的说明文，读起来像是小学语文课本中的范文一样，朗朗上口。由于不像教科书的文章受到版面限制，这本书深入浅出，十分详尽地描写了甲壳虫的方方面面。

而且，书中文章常常会问读者一些问题，在我读给阿梓几遍之后，每每到了提问的地方，她都能对答如流。比如，我读到："甲壳虫的幼虫以吃什么为生呢？"她立刻说："松软的泥土。"

在正文之外，书中还附有解说的部分，用理科思维的严谨逻辑更加深入地进行了介绍。

同系列丛书的第 2 卷《鳉鱼》就难度而言，大约相当于小学五年级水平，但对于当时十分喜欢鳉鱼并亲手饲养了几条的阿梓而言，书中的内容让她十分感兴趣。她一边看着书中有趣的照片，一边认真聆听着我的朗读。这本书我同样读了很多次给她听。因为阿梓兴趣高昂，内容难度的差距也轻易跨越过去了。

由此，我们可以得出一个选择图书的原则——兴趣。

如果孩子对甲壳虫感兴趣，那么就让他读有关甲壳虫的书籍；如果孩子正在养鳉鱼，那么就让他读有关鳉鱼的书籍；如果孩子正在练习棒球，十分希望得到提高，那就让他读一些“棒球技巧”类的书籍。

这样孩子会很着迷地阅读手中的书籍。即使书中内容的难度稍稍超出孩子年龄，在强烈的兴趣驱使下，一切都不是问题。

在家长依照孩子兴趣精心挑选出的书籍中，孩子会渐渐明白读书的乐趣和益处所在，变成一个热爱读书的人。

如何将父母想教的事，变为孩子想学的事？

依据兴趣原理，我们可以把“将父母想教的事，变为孩子想学的事”的方法归纳为以下几点。

- ▶ 选择孩子可能很感兴趣的主行为，或者是孩子已经有了兴趣并在积极实践的主行为。
- ▶ 将家长想教的内容设计成与主活动相关的核心构成活动。
- ▶ 将核心构成活动定位为：对达成孩子感兴趣的主行为有很高贡献度、相关性的活动。

比如说，孩子对“钓鱼”“过家家”很感兴趣，那么我们就可以选择这些游戏来作为主行为。或者，孩子有很强烈的“想要长高”的愿望，我们也可以根据这个愿望来设计主行为。

如前面提到的洋介小朋友，不用家长和教师专门去设计，只要结合孩子自己“想要长高”的愿望，并将家长的愿望（本例中为希望孩子确保睡眠时间）融合到构成活动中，就能实现“将父母想教的事，变为孩子想学的事”的目的。

关联孩子的愿望与父母的愿望

若想把孩子的愿望和父母的愿望关联起来，应该怎么办呢？我们先来看一个例子。

■ 想成为明星

友香（10岁）有个愿望：想要成为一个明星。她的母亲得知后，没有粗暴地斥责“你在做什么白日梦啊”，而是问了她几个问题。

母亲：“为什么大家会喜欢明星呢？”

友香：“她们很可爱，而且每个人都笑眯眯的。”

母亲：“对呀，会笑的人才会被喜欢。所以，友香也不能一有什么不开心的事情，就马上发火哦。”

友香总是因为一点小事就生气发火，母亲为此很头疼。因此，母亲就巧妙地将自己的希望与友香“想成为明星”的愿望结合起来。这正是兴趣原理的体现。

如果无法立刻找到可以关联的主活动，那么我们可以自主设计一个。比如说，为了让孩子认真学习英语，可以趁暑假把孩子送到国外寄宿到当地人家中，体验当地生活。孩子为了能有一段快乐的寄宿时光，也会努力提高自己的英语能力吧！

“爱好”与“志向”方为兴趣之源

就像每个人喜欢的体育项目各有不同，每个孩子感兴趣的主活动亦各有不同，而一个孩子在不同的成长阶段所感兴趣的事情也不尽相同。

以读书为例，不满一周岁的孩子，喜欢花花绿绿的图画书；

而小学高年级以后，就会开始对《哈利·波特》之类的书籍感兴趣。同时需要考虑每个孩子各自的兴趣，对机械拆装感兴趣的孩子，可以让他们读读爱迪生传记；喜欢棒球运动的孩子，可以推荐他们看明星球员铃木一郎的传记。

这就要求家长认真观察自己孩子的兴趣和不同发育阶段的需求。

看似简单的“堆积木游戏”，也有多种玩法。孩子会从喜欢单纯堆积的阶段，成长到着迷于堆积出某种形状的阶段，比如堆一座城堡。这就需要家长通过观察，有意识地加以引导。

在前面介绍过的“兴趣矩阵”中，我们将区域Ⅲ内容诠释为：孩子对主行为和构成部分均无参与欲望，因此必须依靠外部动机来刺激孩子。这里的赏罚范围很广，可以是表扬的语言，也可以是金钱等物质的奖励。而金钱等物质奖励，就某种意义而言，是对所有场合通用的。因为很多人都有“得努力点才能拿到奖金”“不想被罚款，所以要遵守交通规则”的心理。

而惩罚的最后一道底线，大概就是“死亡”了吧。“不听话就杀了你！”大多数人听到这样的威胁，恐怕只能老老实实服从了。

“金钱”和“死亡”，这两者是奖惩中的撒手锏。

那么，为完成主行为的活动（目的），撒手锏又是什么呢？我想不外乎两点：一是“爱好”；二是“志向”。

笼统地说，在孩子年幼的时候，“爱好”是第一要因，孩子的爱好会直接转化为行动。

因此，家长可以尽量安排孩子们做一些他们喜欢的活动。并且，这一“爱好”大体上都是与孩子的能力和发育阶段相吻合的。

中学阶段以后，第一要因则转变为“志向”。

比如说，孩子无论如何都想成为一名医生，那么，想成为医生的必要行为，如考入医学院，都会纳入孩子的行动方向。渐渐地，家长不必向孩子解释不同学习内容的意义所在，孩子就会自发行动，而且可以说是效率极高的行动。因此，拥有志向的孩子，都是充满干劲、坚忍不拔的。

只不过，通常要到 13~14 岁以后，孩子才能明确自己的志向。

为什么孩子明白了学习的意义和价值，仍旧不想行动？

读到这里，肯定有人会提出下面的问题。

“我们家孩子明明知道‘用完东西要收拾’的意义，却还是做不到。”

“我们家孩子明明知道学习进位加法的意义，但却一点都不愿意学。”

上面这些问题反映了孩子“明明知道学习的意义和价值所

在，却仍不愿意做”。从兴趣的原理来看，有些不合逻辑。为什么会产生这样的现象呢？

其实，出现这种现象很多时候是因为孩子“没办法收拾整齐”，对“进位加法的算法不是很明白”造成的。也就是说，因为孩子做不好、不明白怎么做，才导致孩子出现意愿不高的情况。

孩子没有干劲，不仅是因为没有兴趣。即使有了兴趣，如果他做不好、不明白怎么做，也会导致孩子积极性不高的现象产生。

面对这种孩子，我们应该怎么做呢？

我们不应该着眼于提高他们对活动本身的兴趣，而应向他们尽可能清楚地讲解做法，让他们从不会到会。这种方法我们在下一个原则再详细解释。

原则3　让孩子在“能”的基础上挑战

“这个你都做不来！真笨！”

“这么简单的问题你都不懂啊！”

当你的孩子对一些理所当然会做、应当明白的事情表示出困惑，你是否曾用上面这些语言斥责过他呢？

■ 因不会读表盘而被责备的孩子

在关于“时间”的数学题目中，有这样的问题：现在是8点35分，40分钟后是几点钟？智也（7岁）被这个问题难住了。

“跟你讲了多少遍，过了25分钟就是9点钟，40减25等于15，那么再过15分钟不就是9点15分吗？”妈妈向智也讲了很多遍，智也还是一脸茫然的样子，于是妈妈便发起火来。“我都讲了这么多遍，你怎么还是不明白！你哥哥一说就懂了！”听着妈妈严厉的教训，智也哭了出来。

不要在孩子“不能”时斥责他

我想有不少家长，都曾因为“即使教了很多遍，孩子仍旧不明白”而焦躁，最终出口斥责吧。这其中肯定也包含着对教不会孩子的自己的厌恶。

被父母责备的孩子当然也会变得不安，甚至悲伤。并且觉得“被教了那么多遍也没学会的自己真是笨”，自我肯定感随之下降。在智也的例子中，如果这种状态持续下去，他一定会厌恶起数学来。而“我学不会数学”的想法一旦萌生，将直接导致学习意愿的下降，最严重的情况，智也从此放弃挑战新事物也不是没有可能。

这种情况，不仅仅局限在数学上，比如有的孩子因为怕水，所以不敢在体育课上游泳。因为孩子本身不愿意克服困难去挑战，因此直到成年也学不会游泳。

究竟孩子为什么会处于不能、不明白的状态呢？是因为他们能力不够吗？还是因为他们兴趣缺失呢？

不，都不是！

是因为家长让孩子在“不能”的状态下挑战新事物。

孩子在“能”时挑战才会成长

那么，在孩子处于“能”的状态下让他挑战新事物，具体是指什么呢？让我们一起从刚才“时间”的例子来看看。

首先，家长应该把握孩子究竟明白了多少，哪些地方清楚，哪些地方不清楚。

我们可以先从基本的读表盘开始教，8点、9点、8点30分、9点30分、8点5分、8点10分、8点18分、8点36分等，这些时间刻度孩子都能读出来吗？

如果孩子可以读出 8 点 30 分的时间，却不会读 8 点 5 分，那么我们就应该以读表盘为指导目标来教授。告诉孩子一个刻度代表 1 分钟，再画出模拟表盘让孩子练习，莫急莫躁，循序渐进。

我们可以参考下面这样的教授方法。

家长："这是几点几分？"

孩子："8 点 10 分。"（一点一点数出刻度）

家长："真棒！就是这样一个一个数出刻度就可以了。那再来看看，这是几点几分？"

孩子："8 点 15 分。"

家长："正确！每隔 5 分钟刻度上会标出数字，我们可以直接读出来。当然，也可以'5、10、15'这样数数。"

如果孩子学会了读表盘，接下来就可以让他思考 5 分钟、10 分钟、25 分钟后的时间。最后，终于可以试着让他挑战 9 点钟之后的时间了。

家长："那么，40 分钟后是几点几分呀？"

孩子："9 点 15 分。"

家长："说得对！你太棒啦！等你习惯之后，就可以画一个时钟的图出来，在脑子里想象秒针、分针走动的样子。"

孩子："嗯，我明白啦，很简单的！"

这样的场景，与刚才智也的例子形成了鲜明对比。

父母满怀欣喜地看着自己的孩子从不会到会，孩子对这样的父母信赖感倍增，而父母也能由此对育儿产生更多自信。

由不会到会，孩子自然非常开心。再加上父母对他们表扬，简直是喜上加喜。“我也可以呢”的自信心油然而生，甚至对至今为止一直很不擅长的数学也开始产生兴趣，渐渐生出挑战的欲望。

“让孩子在‘能’的基础上进行挑战，并获得成功经验”的方法，与“一不会就斥责”的方法有着天壤之别。

如何让孩子在“能”的状态下挑战?

我们如何让孩子在“能”的状态下进行挑战呢？主要有 4 个要点。

要点 1　从孩子会做、明白的内容开始教授，并循序渐进提升目标难度（“Small Step”原则）

要点 2　选择有效的教授方法：即使是同样的内容，也会因为教授方法不同而产生不同效果

要点 3　抓准孩子所需，改善教授内容与方法

要点 4　给孩子精准的积极反馈

接下来，我们就通过“读表盘”的例子来具体说明。

要点1　从孩子会做、明白的内容开始

▶ 从孩子会做、明白的内容开始，慢慢缩小目标，提高难度。（“Small Step”原则）

▶ 在筛选学习内容时，要选择那些孩子通过努力可以达到的难度。（适当错层原则）

这是需要谨记的要点。这里的难易跨度，不仅包括孩子通过个人努力可以学会的内容（与现在的发育水平相符），也包括孩子在家长或老师的帮助下通过努力可以学会的内容（维果茨基[①]称之为“最近发展区”）。家长或老师的帮助可以拓展孩子学习的难易度范围，因此这种帮助是必要的。

在前面“读表盘”的例子中，突然让智也挑战 40 分钟后的时间计算，对他来说极为困难。但是，如果让他思考 5 分钟后的时间，也许他就可以计算出来。

换句话说，很有可能在智也的生活中，“时钟”本身就不常用，因此他尚未形成完整的“时间”概念。如果是这样，家长就应该在日常生活中，经常给孩子关于时间的提示。比如，一边指向时钟，一边说：“现在 7 点钟了哦。该起床了。”或者说：“到了 8 点钟就该睡觉了哦。”

① 前苏联心理学家。——作者注

要点2　选择有效的教授方法

即使教授同样的内容，却会因方法不同而产生不同效果。通过合适的教授方法，就可以让孩子在“能”的状态下进行挑战。

还以“读表盘”为例，该事例中家长通过口头的方式讲解后，孩子仍旧不明白如何计算时间。但是，如果按照循序渐进的步骤，并配合模拟表盘来教授，孩子就能够对小时、分钟有更为直观的认识，从而更容易掌握时间的计算方法。

调整教授方法可从两方面着手：一是指导方法本身；二是教材或教具（如模拟表盘）。

指导方法五花八门，家长和老师需要根据孩子的情况选择最有效的方法。

就这个意义而言，教授者——家长或教师，应认真钻研不同的指导方法，以期掌握更多方法。

掌握了丰富的教授方法，就能根据孩子的实际状态选择更加灵活有效的方法教授。

要点3　抓准孩子所需，改善教授内容与方法

若教授的内容过于简单，孩子有可能会因为无聊而厌烦；若过于困难，孩子则可能因为难以理解而放弃学习。

要想选择适合孩子的教授内容，唯一的方法就是抓准孩子的需求。教授者应当时刻观察、理解孩子的成长与变化，并随之调整内容的难易度。

教授方法亦是同样。所用的教授方法是否有效，是由孩子实际明白或掌握该内容的程度决定的（这个原则被称为“学习者验证原则”）。如果能够把握孩子是否明白我们的教授内容，就能准确判断教授方法是否行之有效，并做出合理调整。

总而言之，各位家长或老师要做的是，把握孩子状态，抓准孩子所需，适时调整教授内容与方法。

要点4　给孩子精准的积极反馈

这个要点用浅显的语言来解释的话，就是表扬到点子上。

我们在表扬孩子的时候，需要有理有据。如果只是泛泛地夸奖，很难触动孩子的内心。我常常听到家长说：“要是批评他的话，我倒有说不完的话。”如果是这种情况，将孩子置于“能”的状态就更为必要了。

让孩子在“能”的基础上进行挑战，可以帮助我们收集更多表扬的依据。

当然，我们给予孩子的反馈不仅仅包括肯定的表扬，也需要指出孩子具体需要改正的地方。比如，孩子读错了表盘，我们不只要告诉他读错了，还应该告诉他错在哪里。

我们在这里提出的“让孩子在‘能’的基础上挑战”原则和4个要点，不仅可以运用在学习、运动、家务各个方面，也同样适用于培养孩子的自立、养成良好礼貌与习惯等各种教育场景中。

如果遵循这个原则，孩子就可以完成设定的目标，掌握教授的内容，从而让孩子找回自信心，对学习的积极性也能大幅提高。再加上家长的表扬，孩子的自我肯定感会得以恢复。

而另一方面，对孩子表扬增多，可以缓解孩子因家长过去频频斥责而产生的压力，有利于改善亲子关系。

专栏 3 就算目标正确，方法不对也没用

大约 20 年前，我曾读过一个真实的故事。

某位母亲因为希望自己的孩子“早点学会说话”，于是决定“想办法尽可能多地让孩子接触语言”。然而，她却选择了“每天从早到晚看 10 小时电视”的方法。结果，别提能不能早些学会说话了，她的儿子变成了一个几乎对别人的话不会给予任何回应的孩子。

美国儿科学会早在 1999 年就发表论文指出“不应让未满 2 岁的儿童看电视”。日本的儿科学会也在 2004 年发表了“让幼儿长期看电视极为有害”的观点。这些组织告诉我们：看电视不仅不会促进儿童的语言发育，甚至会大大阻碍其语言能力的发育。

比如，母亲在让孩子喝水时，会一边说“来喝点水吧”，一边喂孩子喝水；与孩子玩水的时候，会对孩子描述“水真凉快呀”。孩子听到母亲的话语后，才会对“水”这个词有实际的认知，从而掌握“水”这个词语。

“母语”一词在英文中写作“mother tongue”，直译过来，就是“母亲的舌头”。而我们正是经由学习母亲对我们说的话，才慢慢掌握母语的。

我在这里想强调的是，无论“让孩子尽快掌握语言”这个教育目标本身有多么正确，只要教育方法不对，就毫无用处。

有时候，不仅目标无法达成，甚至还会产生一些负面影响。明白了教育方法的重要性后，家长就需要时刻提醒自己不要使用错误的方法来教育孩子。

最后，我想援引日本儿科学会 2004 年的建议：

1. 不要让未满 2 岁的儿童长时间看电视、视频。无论观看内容是否有益，都存在延迟孩子语言发育的风险。

2. 不要让电视保持常开的状态，看完请随手关闭。

3. 不要让婴幼儿独自看电视、视频。看电视时应有父母在场，陪孩子跟着电视唱歌，或者对观看内容进行提问，进行一些互动活动。

4. 哺乳和吃饭等时间段，不要打开电视。

5. 教给孩子正确使用电视的方法，如看完随手关闭等。

6. 不要在孩子的房间放置电视、录像机等设备。

原则4　Never,never,never give up!

“在家庭生活中，比起教授某个学科的内容，如何纠正孩子偏食的毛病、如何让孩子养成礼貌寒暄的好习惯更为常见。所以，我想知道培养家庭教养的方法。”

想必很多家长心中都有这样的疑问吧。

比如我们在序章中提到的偏食问题。

- 我们家孩子很挑食，叫人头疼不已。为此，我一个劲儿地劝她吃不喜欢的食物，结果导致吃饭时间总是被延长……吃饭这件事使父母与孩子都很有压力。**（4 岁女孩的母亲）**
- 我想着挑食总比什么也不吃强，于是就按照孩子的喜好给他吃东西。但这样一来，势必不能营养均衡，让我很担心孩子的身体发育。**（8 岁男孩的母亲）**

当然，我们前面介绍的原则和要点都可以用来解决这个问题。但我们在这里除了介绍如何具体运用这些理论，还要提出实际运用时更为关键的要点。

如何纠正重度偏食

下面是我在担任班主任时遇到的例子。

■ 在学校纠正重度偏食的孩子

有一个小学一年级的孩子，叫正也，他偏食情况十分严重。刚刚入学那阵子，别说蔬菜了，他连味噌汤和牛奶都不喝，甚至不碰一粒米饭。入学一周时间里，学校提供的校餐他只吃过一块可丽饼。（该孩子并非过敏体质）

在幼儿园中班体检时，他的父母被医生告知，孩子血液检查指标不佳，医生说："蔬菜就不用说了，至少应该让孩子多吃些米饭。"为此，父母尝试了很多方法让正也吃米饭。谁知道，正也只要一见到盛了米饭的碗，就会抓着扔出去并且大闹一场，无奈之下父母只能放弃。算起来，正也已经两年没有吃过米饭了。

上幼儿园的时候，只有正也自己每天带面包上学；在家的时候，正也只吃牛奶、零食和自己喜欢的鱼肉。

面对这样严重偏食的孩子，我们需要让他从"能"的状态进行挑战。

具体说来，首先要决定与孩子实际状态相吻合的指导内容（目标），思考达成目标的指导方法。其次，时刻掌握孩子的状态，并根据孩子的状态随时调整指导内容和方法，同时辅以对孩子的反馈（表扬、鼓励）。

为此，我总结出以下 4 个步骤。

步骤1　做到“在家吃的食物在学校也可以吃”

当时，我正好是正也的班主任。我为此设定的第一个指导目标就是，做到“在家吃的食物在学校也可以吃”。

如果直接规定让正也去吃米饭和蔬菜，恐怕行不通，因此我先尝试让正也在学校吃一些零食和鱼肉、喝一些牛奶。这些食物他平时在家中很爱吃，所以在学校同样吃这些应该也没有那么困难。

我具体是这么操作的：

首先，我让正也的母亲从家中带了一些“美禄”（一种即冲饮料）过来，将“美禄”混在牛奶中给正也喝，正也接了过去，喝下了他在学校的第一杯牛奶。

接下来，让正也的母亲将吐司面包切碎，用来替代学校校餐中的米饭。另外，还让正也的母亲带来一台烤箱，参照家里平时的做法烤制鱼、肉，夹在面包中给正也吃。

再然后，我请正也的母亲陪他一起吃校餐。因为不能让其他孩子感到差别对待，我们请正也和他母亲在另一个房间中吃午餐。

以上的方法多管齐下，正也终于可以在学校喝牛奶、吃面包和鱼肉了。如此一来，我们第一个步骤就宣告完成。但让正也吃下蔬菜一事，这里并未涉及。

步骤2　循序渐进尝试吃少量蔬菜

下一个阶段的指导目标是“循序渐进尝试吃少量蔬菜”。

为了达成这个目标，我先同正也母亲认真探讨了儿童膳食平衡的重要性，并为她推荐了实用又丰富的儿童食谱。

在家中，先用正也喜欢的烤饼和大阪烧做实验，将胡萝卜、卷心菜等蔬菜切成细丝混在其中，一点一点让正也尝试。结果，正也很开心地吃了下去。接下来，试着准备一些味噌汤，因为正也对蔬菜的排斥感降低，因此他也愿意喝一些。

经过家庭用餐的尝试后，在学校也逐渐将正也不喜欢的蔬菜混在鱼肉当中，夹在切片面包里给正也吃。正也仍旧比较排斥，但因为中午时分的饥饿感作祟，他纠结了许久后，最后吃下了少量的一些。

到了 6 月份左右，面对已经可以吃少量蔬菜的正也，我又思考了新的指导方法。我和正也约定好接下来要挑战的蔬菜，并把蔬菜名称写在小白板上，以作提醒。同时，培养正也在饭前说“我开动了”的习惯。

这些方法都对正也攻克蔬菜难关有很大帮助。

终于，从 4 月份我们着手此事开始，历经 3 个月，正也逐渐接受吃一些夹在鱼类、肉类当中的蔬菜了。

步骤3　循序渐进尝试吃少量米饭

第三个阶段的指导目标是“让正也尝试已经两年没有吃过的米饭”。

在之前的 3 个月中，我们曾多次在正也不知情的前提下，将少量米饭混进烤饼等食物中，成功让正也吃了下去。由此，我确信达成第三阶段的目标指日可待。

进入 7 月份，让正也吃米饭一事被提上日程。我告诉正也："哪怕只吃一粒，你也得试试看。如果你不吃米饭，那么其他的食物也不会给你吃。"如我们所料，正也听罢皱起眉头，面对桌上的米饭无动于衷。过了片刻，他从座位上站起来，哭着跑出去，边跑边喊："我讨厌学校！我要回家！"正也母亲见状说："哎，哪里是那么简单的事情，要是轻易能做到，我在家里早就让他吃了。"

嘴里说着"做不到"、怎么都不肯尝试的正也，经过我们反复劝说和努力，时隔 4 年吃下了 1/4 粒米饭。"你太棒啦！"大家拍手表扬道。

这一天，正也总共吃下 3 粒米饭，不仅母亲喜笑颜开，父亲听了也十分惊讶，连连称好。就连正也自己，也开心地在家中反复说："我可以吃米饭了！"

次日起，正也慢慢可以吃下 9 粒米饭了。

后来，正也的父亲、母亲一起在午餐时间来到教室，看到正也吃米饭的样子，心中十分欣慰。

那个时候，我乐观地以为：既然能从 3 粒增加到 9 粒，那么慢慢地，一口、两口、一碗都不成问题了。

不料此后一年，正也吃下的米饭量始终徘徊在 10 粒前后。每一粒米饭，他都要分成两三瓣，花去 1 分钟才吃得下去。

10 粒就意味着 10 分钟。不光是米饭，蔬菜也要别人在一旁引导才肯吃下去。在本就有限的午餐时间，可谓是步履维艰。

不仅是正也的母亲，就连身为老师的我中途也产生过放弃的想法。经过这么多努力，才让孩子吃下 10 粒米饭，于营养几乎无益，干脆就这么算了吧……

但是，在日本这个以稻米为主食的国家，不吃米饭是一件很麻烦的事情。就像正也母亲说的那样："在外面餐馆吃饭的时候，几乎没有他吃的东西。"所以，能不能真正吃下米饭，是关系到正也一生的大事！我重新下定决心，一边自我鼓励，一边劝说正也的母亲不要放弃。

步骤4　与平常孩子一样吃米饭

转眼间，正也已经是二年级的学生了。

但年级的升高，并没有让正也随之发生改变。我仍旧有意识地引导他坚持每天吃 10~30 粒米饭。

■ 偏食的毛病终于改掉了！

正也彻底改掉偏食的毛病，是在他开始吃米饭 1 年后的事情。

母亲："老师，这周末我在家试着做了寿司卷给正也吃，他竟然一下子吃了 5 个。不过，这是特制的寿司卷，每一个里面差不多只包了十几粒米……"

我："您做得太好了！我们等这一天等了很久啊！"

母亲："是啊。"说着，她流下了眼泪。

我："那我们趁热打铁，在学校这边也试试寿司卷吧。麻烦您带点海苔到学校，我们赶紧试试。"

母亲："别的孩子都没带，只有我给正也带海苔，没关系吗？"

我："您放心，这对正也是很重要的学习内容之一，我会好好和别的孩子解释的。"

10 粒 ×5=50 粒。这对正也来说，是个了不起的数量。这天放学后的例会上，我将正也的情况解释给同学们听，获得了大家的理解。于是，第二天我们就开始了"寿司卷大作战"。我制作了 10 只寿司卷，在每个寿司卷里放了 30 粒米饭，拿给正也吃。虽然看起来与其说是在吃寿司卷，不如说是在吃海苔，但加起来 300 粒米饭的数量，于正也而言可谓是跳跃性的进步。

此后，正也的进步就更加惊人了。

7 月初，在吃咖喱饭的时候，正也吃下了和上次寿司卷同样数量的米饭。而在 9 月份，他已经可以和其他孩子一样，吃下一份咖喱饭了。

对正也的偏食纠正，从 4 月份开始，如今一年有余了。之所以能取得现在的成果，完全依赖于家庭和学校的紧密互动。作为老师，除却为正也感到高兴外，我也重新认识到对儿童的教育绝不能中途而废，并深刻感受到"孩子是会变的"这一事实。

“Small Step”原则的应用

如刚才的成功案例，“Small Step”理论同样可以应用在家庭教养方面。

在正也的例子中，我们首先让孩子在学校的行为达到与家庭同等的水准，再从相对容易的蔬菜入手解决偏食问题，最后让孩子挑战偏食的最大症结——米饭。

如果不加思考，一下子就将“米饭的挑战”摆在孩子面前，恐怕只能以失败告终吧。正确的做法是，遵照“Small Step”原则，循序渐进地提高难度。

另外，一次性给孩子提出“把牛奶和味噌汤喝了”“把蔬菜吃掉”“慢慢学着吃米饭”等各种要求，很容易使孩子陷入恐慌和不安的状态，而父母煞费苦心的努力也会付之东流。

“Small Step”原则要求我们根据指导步骤，设定合适目标，而其他与目标无关的内容均不过分追究。

选择指导方法同样重要：将牛奶融在“美禄”中的方法；将孩子讨厌的蔬菜混在鱼类肉类中并夹在面包里的方法；让孩子从一粒米饭开始尝试的方法；“寿司卷大作战”的方法……无论哪种方法都颇有成效。

通过把握孩子当下的状态和对教授内容、方法的反馈，从步骤 1 到步骤 4 分阶段进行指导。

关于对孩子的反馈，也要注意方法。“今天能吃一点胡萝卜了呢，真棒哦”“你很行嘛，可以吃米饭了呢”，用类似的语言认可孩子的努力，并表达家长感同身受的喜悦。

不仅是学习方面，在家庭教养方面也可以运用“让孩子在‘能’的基础上挑战”的原则和要点，想必会事半功倍。

用“永不言弃”取代“就这样算了”

我们之前也曾提过，在正也的例子中，大约有一年毫无成效的阶段。此期间，无论怎么努力，正也只是停留在吃10粒米饭的状态上。我有些灰心丧气，曾几次想放弃，但多亏坚持了下来，才能“功夫不负有心人”，成功帮助正也克服了偏食的毛病。

如果因为孩子的抵抗而放弃继续指导教育，那么正也就会恢复到一粒米饭不吃的状态，甚至长大后也只能靠面包过活。这样的成年人，你曾经见到过吗?

在这里我想传达给各位家长的信息是，Never，never，never give up！锲而不舍，持之以恒，这是成事之人的不变法则。

那么，从上面的例子来看，我们究竟怎样才能做到永不言弃呢?

这就要求我们作为教育者，对纠正偏食这件事的意义、价值要有充分的认识和觉悟。我们必须清楚均衡膳食对孩子的重要性。

日本是一个以稻米为主食的国家。如果在日本生活，不吃米饭是个很棘手的问题。不仅去餐馆用餐会出现无菜可点的状况，同时也会给准备饭菜的人带来很多麻烦与困扰。

另外，不摄入米饭和蔬菜会造成营养失衡，这种失衡对身体和精神都会带来巨大影响。如果孩子没有营养均衡的膳食，他也常常会出现焦虑不安，甚至做出不当言行。

此外，关于指导目标（内容）的设定，还有极为关键的要点。

那就是，必须设定真正对孩子的幸福与成长有价值的目标。

“我想为这个孩子做点什么”“必须为这个孩子做些什么”，饱含着家长热忱的愿望的指导目标，才会对孩子真正有益。而家长唯有深刻认识到该指导目标（内容）的价值，才能下定决心，即使遇到一些抵抗和挫折，也能够坚持不懈。

“就这样算了”弊害甚多

父母为孩子成长而付出努力，却进展不顺的重要原因就在这里：父母并未清楚认识到某种付出的价值和意义所在，因此决心不够坚定。

- ▶ “虽然不挑食的话更好，但就这样算了吧。”
- ▶ “不会寒暄招呼，也不是什么大问题吧。”
- ▶ “不把自己脱下来的鞋子摆好，也算不上什么毛病。”

- ▶ “在图书馆又跑又闹，也没什么大不了。”
- ▶ “不洗衣服的话，我就帮他做吧。”
- ▶ “睡觉前不刷牙，也没什么大不了的。”
- ▶ “11 点钟才睡，算了，还是不管他了。”

家长如果遇到孩子反抗或者自己工作繁忙，常常会轻易说出“就这么算了吧”这样的话。如果家长（教师）率先放弃，那么就无法达成这一有价值的指导目标，孩子的问题言行也不会得到改善。

为了避免这种情况的发生，家长应当重新审视自己对孩子的要求是否有意义和价值，并需要充分认识这些意义和价值。

- ▶ 纠正挑食毛病的意义和价值何在。
- ▶ 学会寒暄招呼的意义和价值何在。
- ▶ 养成自己脱下来的鞋子要摆好的习惯的意义和价值何在。
- ▶ 养成在图书馆保持安静的意义和价值何在。
- ▶ 自己洗衣服的意义和价值何在。
- ▶ 睡觉前刷牙的意义和价值何在。
- ▶ 养成早睡习惯的意义和价值何在。

与认识到目标价值同等关键的另一个要点是，坚信定能达成目标的信心和不达目标誓不罢休的决心。这也就是具备永不言弃的心态。

当然，仅仅有“坚信定能达成目标的信心和不达目标誓不罢休的决心”还不够，为达成目标的有效方法同样不可或缺。

但唯有我们具备了永不言弃的心态，才能够由衷地产生学习、实践有效指导方法的欲望。

专栏 4 亲子共同制定具体的膳食标准

不仅仅是父母，孩子也同样有必要了解“饮食的重要性”，这样一来，无须家长苦口婆心地劝说，孩子自己便能注意到饮食问题。并且，孩子总有一天要长大成人，早些意识到“饮食的重要性”对他们而言也很有好处。

关于这方面，有一本很值得推荐的书——《令头脑聪明的营养词典（亲子共学）》（国土社）。该书的作者是山田丰文，他是医学（分子营养学方向）博士、杏林预防医学研究所所长，经常在各大媒体上以简明易懂的方式向市民宣传预防医学和营养学的知识。

在此，我们节选该书的一部分——“营养失衡后竟然会这样！”一章，其中就出现了下面这些孩子。

1. 不听父亲话的秀树
2. 早晨不起床的孝志
3. 在补习班犯困的浩也
4. 多动爱闹、情绪不安的利夫
5. 交不到朋友的亚美
6. 被冠以“大胖子”外号的阿卫

……

15. 过敏性皮炎久治不愈的惠太

仅仅是因为没有摄取足够的营养，就会对孩子产生如此众多的负面影响，实在让人愕然。但从另一个角度来看，只要饮食得到改善，就能让生活产生如此多的变化。这么想是不是会给各位带来一些期待和希望?

事实上，经由超级营养师山田的指导，多位专业运动选手得以重新回到赛场。因此，营养的力量确实不容小觑。

这本书中的文章很多都曾连载在《每日小学生新闻》上，因此语言生动易懂，十分适合亲子共同阅读。

在该书的最后附有“对健康有益的超级食物 Checklist”，表 1 为“尽量避免吃的食物”，表 2 为“尽量多吃的食物”。

■ 表 1 尽量避免吃的食物

- 冰淇淋、雪糕等
- 点心、长崎蛋糕、甜甜圈等甜食
- 口香糖、饼干、曲奇类食品
- 巧克力、奶糖或其加工食品
- 豆沙包、肉包、羊羹等
- 甜味饮料、果汁、碳酸饮料等
- 火腿、烤肠等
- 泡面
- 薯片、膨化食品类

■ 表 2 尽量多吃的食物

· 黄绿色蔬菜（胡萝卜、青椒、菠菜……）

· 淡色蔬菜（卷心菜、黄瓜、土豆……）

· 大豆及大豆加工品（豆腐、纳豆、味噌汤……）

· 海藻类（羊栖菜、昆布、海带……）

· 鱼类（沙丁鱼、秋刀鱼、青花鱼……）

· 新鲜水果（苹果、蜜橘、葡萄……）

· 早饭

此外，山田还推荐芋头类、芝麻等果实和菌菇类食物。

在上面各项中，根据饮食频率的不同，分数也不同。每日都吃（10 分）；两日一吃（5 分）；一周一吃（3 分）；一月一吃（1 分），频率越高则分数越高。

最后，用表 2 的总分减去表 1 得分，计算出饮食习惯的得分。也就是说，尽量避免食用表 1 中的食物，多吃表 2 中的食物，就能得到较高分数。21 分以上视为合格；10 分以下则是不合格，需引起重视。

即使我们下定决心要保持健康的饮食生活习惯，但如果没有具体的标准和依据，这种决心也不过是空喊口号罢了。在我们家，为了切实保证饮食健康，一直以来都严格按照山田的“对健康有益的超级食物 Checklist”来准备饭食。

比如说，我们家的早饭通常有：杂粮米饭、味噌汤、纳豆、蔬菜沙拉、自制酸奶和水果（以上为惯例），辅以烤鱼或玉子烧或少许肉类。

无论是我还是孩子们，其实都很喜欢吃蛋糕。但出于饮食健康的考虑，我们会格外控制糖分的摄入。比如，“今晚在餐馆吃完饭后想来一份冰淇淋。所以，白天尽量不能吃甜食。”或者，在喝果汁、碳酸饮料的时候，倒在杯中以便控制每次的饮用量，而不是抓起瓶子直接去喝。

另外，妈妈会在家常备路易波士茶，借此替代其他甜味饮料。而孩子们很喜欢吃的方便面，也事先规定好一个月两次的频率。

山田把有益的食材编成一句顺口溜：麻（芝麻、种子类）豆（豆类）带（海带、海藻类）菜（蔬菜），鱼（鱼类）菇（香菇等菌菇）芋（芋头类）。各位只要记住这七个字，就能更轻松地准备出一顿丰盛营养的美食了。

“不要管那么多，喜欢什么就吃什么吧！”

“作为父母的我都不喜欢吃蔬菜，而且天天做蔬菜沙拉太麻烦了！”

我们常常能听到这样的声音。当我们既要考虑膳食营养，又要迎合孩子的口味时，那么做一顿饭确实颇费功夫……

但是，在当今社会“不思考吃什么、怎么吃，保持自然的状态”，犹如赤手空拳在原始森林中行进。

与其因为放任自己挑食而造成一系列不良影响，家长和孩子不如在饮食生活方面下些功夫。如果通过亲子共同努力，能防患于未然，我想这也是各位喜闻乐见的事情。与早晚刷牙一样，指导孩子养成良好的饮习惯，会让他们终身受益。

读到这里，想必各位对制定具体的膳食标准、保持营养均衡的重要性有了更加深刻的认识吧！

原则5　培养孩子成为家庭小帮手

最近，我总是听到关于孩子不帮忙做家务的抱怨。

“妈妈每天上班已经非常疲倦了，回到家还要准备饭菜、收拾碗碟，忙个不停。而孩子自顾自地盯着电视看，无动于衷。”

“我们家孩子觉得有人为他做饭、洗衣、打扫卫生、收拾整理都是理所应当的，丝毫没有感激之情。”

这样的情况，恐怕不少家庭都遇到过。

你们家的孩子会帮忙吗？

如果孩子不帮忙，训斥他一通再容易不过了。但我认为，这件事的责任其实在于“不给孩子帮忙机会的父母”。

你是否曾因为“我们家孩子还小”“父母来做更快”等理由，而犹豫要不要给孩子帮忙的机会呢？这么做的结果就是，孩子自然而然产生“你是做的人，我是吃的人”的想法。

帮忙的意义1　培养为别人考虑的孩子

我想很多父母都希望将自己的孩子培养成对父母、对他人都懂得换位思考，会照顾别人的人吧。为了培养出这样的孩子，“帮忙”就是十分行之有效的方法。让我们先来看看下面这个例子，了解一下“帮忙”的意义。

■ 妈妈的身体真棒

今年的夏天不同寻常的炎热。在如此酷暑之中，有梨佳（12岁）在没有空调的厨房帮妈妈淘米。

“妈妈的身体真棒啊！这么热的天气还能做饭。”有梨佳一边淘米，一边自然而然地感叹。

其实平时有梨佳也经常看到妈妈汗流浃背在厨房做饭的身影，但通过她自己在酷暑中淘米的体验，有梨佳才第一次认识到妈妈的辛苦。

这就实现了“帮忙”的第一个意义。让孩子通过实际的家务体验，来明白父母做家务的辛劳。这样一来，孩子会更懂得体贴、感谢父母，产生“原来爸爸妈妈每天都为我这么费心费力”的想法。

也就是说，“帮忙”这件事会培养孩子懂得感激、懂得体贴和理解他人的心情。但“帮忙”一事的好处远远不止于此。

帮忙的意义2　培养自尊、负责、有协调性的孩子

在我们家，家庭成员的互助是一项共有的价值观。

因此，既然大家生活在一个家庭中，那么就有义务分担相应的家务。

现在，小学高年级的次女负责打扫家中卫生间和收集各个

房间垃圾的任务，同时还会擦桌子、摆碗筷盛饭、收拾自己的餐具。这些与其说是“帮忙”，不如说是自己的事情自己做。

无论是打扫卫生间，还是收集垃圾，次女对家务的参与都让我们轻松不少。因此，作为家长，我们也由衷地说出“谢谢女儿啦，帮了我很大忙”之类的话。

孩子可以通过分担家务，树立起“我对别人有帮助，我也为家庭做出了贡献”的自尊心和自豪感。

家长可以从旁提醒、监督孩子：“不能粗心大意地忘记哦。不能随便做做就算了哦。”把分担家务一事当成培养孩子责任感和协调性的绝佳机会。

帮忙的意义3　培养自立、自信的孩子

家务的分担，具体可以从以下几个方面操作：

- ▶ 炊事（做饭、盛饭分餐、收拾桌子、洗刷碗筷等）
- ▶ 洗晾（洗衣服、晾晒、叠衣服等）
- ▶ 打扫（打扫浴室、打扫卧室和走廊、打扫卫生间、打扫玄关、擦窗户、收集清倒垃圾等）

上面这些内容，无论哪一项都是将来某一天需要孩子独立完成的事情。孩子如果想自立，除了踏入社会工作外，家务方面也不容忽视。现在为父母分担家务，就意味着将来成为独当一面的成年人时，不会因为家务事而烦忧。这种“帮忙”可以

培养孩子的自立意识和自信心。

相反，如果一个孩子从没接触过任何家务事，在他成年后不得不面对做饭、洗衣、打扫等事情时，恐怕会因为麻烦而一味逃避。在现代社会，通常夫妻二人都需要上班，因此，无论男女，如果对家务事如此懒散，想必很难被视为理想的结婚对象吧。

帮忙的意义4　培养有洞察力、坚韧不拔的孩子

家务劳动看似简单，但其中既有目的和顺序、步骤和计划性，还需要耐心和责任感。因为说累而偷懒，或者因大意而忘记、潦草应付都是不可取的。

因此，家务的“帮忙”是培养洞察力和韧性（计划性、顽强意志、集中力、责任感等）的良好机会。就某种意义而言，这也是对孩子最亲切的职业教育机会。

帮忙的意义5　帮忙做家务对父母是一种分担

事实上，让孩子帮忙做家务，对家长而言也是一种很重要的分担。对于这样一件既有益于孩子又有益于家长的事情，我们何乐而不为呢?

比如，在父母感冒生病时，孩子可以承担大部分家务；在大扫除时，孩子率先行动起来。随着孩子的成长，他会成为父母有力的帮手。

值得一提的是，“帮忙”的同时也为亲子交流提供了良好

机会。并且，从统计数据上看，帮助家长做家务的孩子学习成绩相对较高。

总而言之，“帮忙”一事有百利而无一害。

如何让孩子养成分担家务的习惯？

必须承认的是，让孩子帮忙并没有说起来这么容易。那家长们应该怎么做呢？

父母首先应认识到“帮忙”的意义和价值，坚定“让孩子帮忙”的决心。本书为此在阐述“帮忙的价值”这个部分花费了不少笔墨。同时，有几点家长们必须克服的心理：

- 孩子还太小呢。（越是年幼越容易养成习惯）
- 比起让孩子帮忙，我自己做来得更快。（短时间内可能要经历这个阶段，但请从更长远的角度考虑）
- 如果让孩子帮忙做家务，那我身为一个主妇的价值何在呢？（即使让孩子帮忙，他能做的家务也只是其中一部分）

除此之外，让孩子分担的家务应该具备“家庭所需、力所能及、定期开展”几个特性。我认为可以从分餐盛饭、收拾碗筷开始做起。

关于教育方法需遵循的原则，不妨用一句话总结：“言传、身教、实践、鼓励。若想推动孩子行动，这些步骤缺一不可。”

无需将这件事想得太过复杂，先从亲子共同做家务开始实践吧。孩子见闻家长的言行，会自发模仿。

我熟悉的一位母亲，对我讲过这样的事例。

■ 坚持两年来一直与女儿共同做晚饭的母亲

长女上小学五年级的时候，我的工作还没那么忙，基本上可以保证 6 点前回家。所以，我每天都和女儿一起准备晚饭，并坚持到女儿小学六年级结束。因此，炸可乐饼、炸丸子这些料理，对女儿来说都是小菜一碟，餐后收拾碗筷就更不用提了。

她现在已经是高三学生了，我对她说：“你都快高考了，这些家务就别干了，好好去学习吧。”但她只要见到我有些忙不过来，就会主动承担起做饭的任务，甚至连餐后的收拾也丝毫不用我费心。我愈发感到小学五六年级开始和她一起做晚饭，实在是个明智的决定。

这位母亲先让女儿观察自己切菜、调味的方法，再让女儿实践。如果孩子做得好要大力表扬，如果做不好也绝对不能批评，家长应从旁协助、悉心指导。如此两年的累积，才培养出这样体贴懂事的女儿。

“帮忙”开始的黄金年龄

我们常常听到有家长说“我们家孩子还太小”“这个年纪还不行吧”之类的话，事实却恰好相反。“帮忙”一事赶早不赶晚。孩子到了中学阶段就太迟了，即使是在小学高年级，也已经错过了黄金年龄。因为，孩子越长大，学校社团活动、补习班等事情越会渐渐占据他的时间，家长很难找到和孩子一起做家务的闲暇。

并且，8 岁以后，孩子的自我意识逐渐增强，对父母说的话不再如之前言听计从了。

因此，趁孩子年幼的时候，开始让他帮忙做家务，更容易培养他的这种习惯。不要觉得孩子太小什么都做不好，摆放碗筷、盛饭端菜这种简单家务，我相信只要耐心教导，孩子都能做好。

在孩子“帮忙”的时候，向他传达“家人就应该互帮互助”的想法，并在帮忙后对孩子表示感谢。这会培养孩子“家人要互助”的价值观，并会帮助孩子感受帮助别人带来的喜悦。

随着孩子年龄的增长，家长可以让孩子逐步参与到更有难度的家务中。比如，从摆放碗筷、盛汤盛饭开始，渐渐过渡到可以做味噌汤、可以蒸米饭的阶段。

在“家人要互助”的价值观和帮助他人会带来喜悦的驱使下，孩子也会自发要求尝试更复杂的家务。

如果没有培养这些看不见的部分——价值观和帮助别人的喜悦——那么，在孩子自我意识逐渐形成的中、高年级，突然要求他分担某些较复杂的家务，孩子在心理上便会产生强烈的抵触感。

“我才不要做什么家务！”不要将孩子的反抗简单理解为青春期的逆反，而是要思考家长是否从未培养过孩子相应的价值观，是否让孩子体会到助人的喜悦。

“帮忙”的黄金年龄是在孩子自我意识尚未完全形成的幼儿阶段。

错过“帮忙”的黄金年龄，该如何补救？

我想，读到这里有的家长会提出：“我们家孩子现在已经长大了，小的时候没培养他帮忙的意识，导致现在我一说分担家务，他就立马拒绝。我该怎么办呢？”

这种情况，家长们不妨将前面的原则和要点活用起来。

请看“原则3 让孩子在‘能’的基础上‘挑战’”。

比如说，我们可以先从“把大家的碗筷端到厨房水池里”这样简单易做的小事开始，并观察孩子的完成情况，再给予适当反馈（表扬、鼓励）。

“示范作用”和“共同参与”也是不可或缺的要点。

比如，对孩子说“妈妈太辛苦了，下次开始帮妈妈把碗碟端到厨房水池去吧。爸爸来端碟子，你负责端碗好吗？”这种方式，更容易让孩子产生共鸣吧。

在从来没有培养过孩子相应价值观和感受助人喜悦的家庭，或者在亲子间信赖关系并不强烈的家庭，这些方式确实操作起来有一些难度。这里我们就需要运用“要点 2 选择有效的教授方法”。

比如，辅以增加零花钱的奖励，让孩子帮忙做某件家务。有位家长用这个方法让孩子养成了擦皮鞋的习惯。当然，刚开始父母需要参与其中，耐心教授，等孩子大致掌握后，再按照刚才介绍的方法逐步提升难度。

虽然这里激发孩子的是外部动机，但同样能让孩子在实践中建立自立心、自信心，培养计划性和责任感，并体会到助人的喜悦。

此类例子有很多，“为家人做一次晚饭就奖励 30 块钱”“帮爸爸一起洗车就多给一点零花钱”，等等。

虽说幼儿时期是培养“帮忙”习惯的黄金年龄，但是只要家长下功夫，什么时候开始都不算晚。孩子在学校有值日、大扫除等任务，多多少少可以弥补家庭教育的欠缺。

参照“原则 2 激发孩子兴趣，调动孩子积极性”，选择孩子感兴趣的家务劳动，亲子共同参与。我相信这一定会成为一段美好的互动时光。

原则6　规范教育环境，远离“现代凶器”

30 年前，我们的生活中只有电视和电视游戏，而后便携式游戏机登场，各种先进的娱乐设备层出不穷。到了 2000 年以后，互联网爆发式普及，联机游戏渐渐成为主流，手机游戏也开始火爆起来。这种科技的进步，对亲子关系造成撕裂性破坏，对儿童可谓是一种“毒药”。

过度依赖电子产品和网络的孩子们

好不容易家人一起去温泉胜地旅行，孩子们却从温泉里一钻出来就抱着游戏机玩个不停，任你怎么搭话，他也不理会——这样的场景，我想并不罕见。

一位朋友曾这么对我说：

“大约 10 年前，来往海岛的渡船上，常常见到一家人玩扑克打发大约两个半小时的旅程。但最近这种光景不复存在了。船上的孩子沉迷于游戏机，大人低头看手机，仿佛各不相干似的。”

滨松医科大学儿童青少年精神医学讲座特任教授杉山登志郎曾说过：“我希望父母不要在育儿时期玩游戏。我见过在等候室里，父母和孩子三个人人手一台游戏机，各自沉迷在游戏世界中的情景；也见过只顾着看手机，却不正眼看孩子一下的母亲。如果你是这样的家长，就不要期许自己可以培养出健全的孩子……”

也就是说，从专业医生的角度来看，游戏机、智能手机都会给孩子带来恶劣影响。有关部门近期公布了关于“高中生对互联网的依存状况”的调查结果，数据颇是触目惊心，为所有家长和儿童都敲了一记警钟。

■ 被认定为“网络依存”的中学生共计 51 万人，其中患有睡眠障碍性疾病或健康状态不佳者高达 8%

根据最新公布的调查结果，目前日本的中学生对于网络的依存性极高，其中有超过 8.1% 的中学生被判定为“病态使用”。研究团队推算，约有 51 万中学生正处于网络的病态使用状态。

根据调查数据显示：在初中阶段，每天（平日）网络使用时间在“5 小时以上”的男生占 8.9%，女生占 9.2%；在高中阶段，这一数字则上升为男生 13.8%，女生 15.2%。而周末（假日）的网络使用时间在“5 小时以上”的初中生占 13%~14%，高中生则跃升至 20% 以上……

另一方面，过度沉迷于网络而对正常生活产生影响的学生也不在少数。有网络依存症的中学生里高达6成有“睡眠不足”的烦恼。也有很多学生出现“一到晚上就精神”等睡眠障碍性疾病的症状。此外，也有学生反映“上午状态不佳”

等情况。

电视频道曾放映过某个一日要上网 10 小时以上，且高度依存网络生活的男生的生活状态。我也曾遇到过偷偷瞒着父母在被窝里玩了一夜游戏的孩子。这个孩子因为太挂念游戏，甚至出现过上学早退的情况。

因此，当我们考虑到眼下网络既能看视频又能玩游戏的丰富功能，孩子一天花5小时在网络上的现状就没有那么难理解了。

有的读者可能会对“有网络依存性的女生较男生比例更高”一事感到意外。

其实理由很简单。这些年的游戏机不同于以往传统的游戏机，而是直接可以接入网络的信息终端。游戏机不仅仅是玩游戏的机器，更多地承载了社交工具的功能。特别是女生容易沉迷于社交软件，因此网络使用时间自然会随之增加。如果我们将标准放宽到每天 2 小时的网络使用（根据《让孩子从游戏依存症中脱离的精神科医生的治疗法》一书的作者岩崎正人的说法，超过 2 小时就会对日常生活产生不良影响，需要家长介入加以限制），那么该数据中比例将会更高。

这样的状况下，孩子们恐怕已然成为被网络劫持的“人质”了吧。

令人震惊的电子产品和网络弊病

如上所述，每天网络使用时间在“5小时以上”的初中男生占8.9%，初中女生占9.2%。这一数据说到底仅仅是关于网络使用时间的统计。

电视、游戏机、智能手机、社交网络……它们都会为孩子带来极不良的影响。如果我们将这些对象一并列入统计范畴，想必会得到一个更为可怕的结果吧。

代表性的弊病主要有以下几方面。

弊病1　侵占学习时间

有调查研究表明，电视、游戏机的使用时间与学生的学习密切相关。因为，你在前者上花费的时间越多，学习时间就越少。

有一次，我某个朋友家因为电视故障而度过了一周没有电视的生活，而他的儿子在这一周中“到了晚上自觉地去学习了”。

如果没有电视、游戏机的干扰（或有限制地使用电视、游戏机），孩子们学习的时间就能够被确保，也更容易培养孩子家庭学习的习惯。

弊病2　侵占睡眠时间

长时间玩游戏，就连孩子身心健康成长最不可或缺的睡眠时间也将无法保证。

这会导致：①睡眠不足；②身心不健康成长；③容易疲劳，食欲、专注力下降；④出现焦躁不安等情绪失控的状态；⑤饮食生活不规律；⑥褪黑素[①]注释分泌减少，加速老化，甚至引发癌症等。

在导致逃学的原因中，位居第二的就是睡眠等生活节奏的紊乱。睡眠时间越短，孩子逃学的可能性就越高。（详见“专栏 5 不要让‘早睡’沦为一句口号！”）

而关于“出现焦躁不安等情绪失控的状态”这一点还会体现为：注意力无法集中，易怒易躁，常和别的孩子发生矛盾。也就是说，不仅仅是学习方面，连人际关系都会受到负面影响。

“饮食生活不规律”可能体现为：玩游戏玩到很晚，次日起不来床；没有办法好好吃早饭，甚至不吃早饭等情况。

弊病3　侵占与朋友一起运动的时间

即传统意义上的运动游戏时间被侵占。

遵守规则、体谅他人、坚韧不拔、计划性、专注力……可以培养这些品质以及运动能力的游戏时间被挤占。

弊病4　受到电子游戏负面内容的影响

众所周知，电子游戏中包含很多色情、暴力、荒谬的内容。

---

① 褪黑素一般在夜晚分泌，具有促进睡眠、抗氧化、延缓衰老、抗癌、延缓性成熟等作用。

如果孩子过多接触暴力场景，就会对暴力变得麻木无感，从而助长霸凌和犯罪的风气。近朱者赤，近墨者黑，孩子会受到自己接触的东西很大的影响。

弊病5　引发孤僻、自闭、逃学问题

如果比起与家人和朋友直接接触、对话，孩子更倾向于沉溺在电脑游戏或社交网络的世界中，那么他对实际生活的关心程度会逐渐降低。

这就会引起宅家不出、昼夜颠倒、焦躁不安、忧郁症，甚至迟到、怕去教室、逃学等问题。

此外，更为严重的弊病还有：运动不足、肥胖症、视力低下、为游戏四处借钱、由社交网络造成的性侵、成年后极有可能沉迷赌博等。

即使是大人，如果将过多时间花费在电视、电脑游戏上，也会出现人际沟通不足、财务纷争、放弃育儿，甚至有社交网络造成的出轨、离婚、被辞退等严重问题。近年来，这类成年人的负面例子也层出不穷。

为什么父母会买给孩子呢？

明明是有百害而无一利的东西，为什么父母会买给自己的孩子呢？

因为，孩子会举出各种理由来向父母要求。

“大家都有呢。我要是没有的话，朋友就不和我玩了。”

“我就是要！”（大声号啕起来）

“你不买给我，奶奶说她买！”

孩子想尽一切方法向家长撒娇，有时候甚至会用哭闹的方式，大多数父母承受不了孩子的央求，只得买给他们。

另外，有些平日工作繁忙、无暇顾及孩子的父母，觉得需要以物质的方式补偿孩子，不想因为这种问题被孩子讨厌，因此总是顺遂了孩子的要求。这其中多少有些“我平时没空陪你，让游戏机陪陪你也不错”的想法。

然而，我们发现这些判断标准停留在“孩子开心与否”“孩子是否会反抗（是否被孩子讨厌）”“其他家庭如何处理”的层面上，而全然不涉及“买”这一行为，使孩子的教育环境发生了何种变化，或为孩子的成长带来何种影响的考虑。

整顿孩子所处的教育环境，是父母的一项基本任务，如果停留在如此肤浅的判断标准，将会造成严重后果。父母对孩子要求的许可存在于生活的方方面面。

- ▶ 是否给孩子买游戏机或智能手机
- ▶ 一天允许孩子看多长时间电视
- ▶ 睡觉时间定在几点钟
- ▶ 回家时间限定在几点钟前

▶ 是否允许孩子去郊区的电影院

……

如果面对上述场面时，父母始终以刚才所说的标准判断，即最后以满足孩子告终，那么孩子就会承受前面提到的诸多弊病，并丧失生活自律性。

这真的是为孩子着想的判断吗？这真的是父母期许的结果吗？

严守判断标准

那么，家长应该秉持什么样的判断标准呢？

有一个专业术语叫做“环境影响评价”。它是指“对规划和建设项目实施后可能造成的环境影响进行分析、预测和评估，提出预防或者减轻不良环境影响的对策和措施，进行跟踪监测的方法与制度”。

在育儿方面，家长可以将“环境影响评价”应用到孩子身上。如果买给孩子某样东西会使孩子的教育环境发生变化，在购买之前需对可能造成的影响进行预测。

如果经过评估，发现这一行为会对孩子造成不良影响，那么可以采取：①停止该行为；②减少负面影响；③增加积极影响等措施。

也就是说，我们应将判断标准从“孩子开心与否”“孩子是否会反抗（是否被孩子讨厌）”“其他家庭如何处理”，转换为“是否会对孩子的成长带来裨益”的角度。

换言之，需要将判断标准改变为“是否对育儿蓝图的实现有所裨益”，并根据该判断标准，持续为创造更优良的教育环境进行“教育环境影响评价”。

我们曾在第 1 章中提过，父母肩负着为孩子创造更好教育环境的责任。这不仅意味着要积极创造更好的环境，还意味着尽量阻止不良要素的入侵。

“孩子说什么都想要，哭得不可开交”“他的朋友好像人手一个”“孩子的反抗十分强烈”，这些都不该成为我们做出判断的依据。

- ▶ 充分考虑孩子的发育阶段和性格
- ▶ 许可孩子的某种要求时，必须同时考虑积极和消极两方面因素
- ▶ 以长远的眼光来判断是否有益于孩子的成长

以上才是我们应遵循的判断标准。当然，我理解身为父母都希望见到孩子开心的样子，而非反抗和厌恶。但坚守这一判断标准确实十分必要。至少，家长应做出不对孩子产生负面影响的判断。

依存症应对法1 从一开始就不买

是否要买给孩子游戏机、智能手机这个问题，我们可以从“教育环境影响评价”的角度来思考。

虽然看起来困难，但还是有简单易操作又弊病最少的应对方法。

那就是，从一开始就不让孩子处于游戏机、智能手机环绕的教育环境中。也就是说，不给孩子购买电脑类产品及其他可连接互联网的信息终端产品。

即使终有一日我们仍要买给孩子，也应将这个时间尽量延后，特别是不要在孩子年幼的阶段过早买给他。在 8 岁前，孩子的大脑处于急速发育的阶段，对外界的影响十分敏感，所以从小养成的习惯更具影响力。

事实上，我们家在孩子长大前没有给他们买过任何游戏机之类的电子产品。我想肯定有很多家庭会觉得，如果不买给孩子，他会不会同朋友难以交流，遭到排挤。我们正好利用这个机会，允许她去朋友家，和小伙伴一起玩游戏机，而在家的时候就需要相应忍耐。

多亏了这样，女儿才能在培养基本运动能力的重要时期，充分待在户外活动身体，也体验了很多室内的游戏和运动。室内棒球、足球、排球、积木、过家家、叠叠乐、扑克……因为没有游戏机这一强烈诱惑，女儿才能和父母、姐妹、朋友尽情玩耍。

如果家中为她购置了游戏机，有了不需要陪玩者、即开即玩的便利游乐方式，我想她很难尽情享受这些室内游戏。

依存症应对法2 买前定规矩

当然，我们也可以不必因为弊病太多而采取全面禁止的方式，我们还可以选择在尽量抑制负面影响的情况下买给孩子。因为可以得到想要的东西，孩子的抵抗感也会相应下降。

如果选择买给孩子，为尽量抑制负面影响，必须事先认真与孩子讨论买后的使用规则，并确保孩子遵守这些规则。这样一来，如何制定出家长与孩子都可以接受，又能尽量抑制负面影响的规则就成为至关重要的问题。

先向各位介绍一个我们家决定是否给女儿买“电子宠物”的例子。当时女儿正值小学一年级，我和妻子依照约定要给两个孩子买“电子宠物”。这个约定是说，女儿若挑战某一课题成功的话，就将“电子宠物”作为奖励买给她们。两个人为此都十分努力。

事实上，早在两年前的暑假，长女便反复央求我说：“啊，给我买嘛！小A也有，小B也有，大家都有了呢。快给我买嘛！”

但是，是什么样的契机使我做出给她们买“电子宠物”的决定呢？

是因为想让她们成功完成某项课题吗？非也。如果用物质奖励的话，也未必一定要选择“电子宠物”吧。

是因为孩子“想要！想要！”让我不堪其扰吗？可能有一点这方面的原因，但如果确实判断这不是合适的玩具，我一定会坚持自己的想法。为孩子创造更好的教育环境（玩具也是一种教育环境），是父母不可推卸的责任。

是因为别的孩子都拥有了吗？当然，如果别的孩子人手一个，只有我们家孩子没有的话，我也不愿让她遭受这种寂寞心情。但对孩子来说，超过 6% 的人持有，就可以理解为“大家都有”，因此家长必须切实对这一说法进行确认。

那么，究竟是什么原因促使我做出买“电子宠物”的决定呢？

第一个理由是，我希望孩子可以在父母的监督管理下，培养出对这类东西的免疫力，让她保持不会过度沉迷的状态。换言之，“培养孩子不对家庭互动、学习等日常生活带来影响的自控能力”。

第二个理由是平衡感。如果周围朋友都拥有，那么孩子自然也会产生想要的念头。就某种意义而言，符合潮流也是育儿所必要的。

第三个理由是女儿强烈的愿望。

好的开始等于成功了一半！在购买之前，我和妻子与两个女儿共同就使用规则做了讨论，确定了以下两条：

其一，周三、周六、周日不玩“电子宠物”。考虑到宠物的特殊性，可以给宠物喂食，但必须在厨房玩。（不让孩子们把“电子宠物”拿回自己的房间。后面会提到，我家做了个“娱

乐设备盒”放在厨房）

其二，在可以玩“电子宠物”的日子（周一、周二、周四、周五）里，晚上 8 点以后不允许再玩。

制定好这些规则后，女儿和好朋友们一起交流、快乐地玩起了“电子宠物”。而她们也确实保持了自控力，没有给家庭互动、学习等日常生活带来影响。

这一结果得益于事先决定规则，并为让孩子遵守规则孜孜不倦地教育。家庭内的规则与法律同样，单单制定出来是无用的，必须用各种形式要求人们遵守，特别是在初期阶段应更加严格。

最开始的时候，女儿也撒娇任性想在周末玩“电子宠物”，但在我严令禁止后，她们只好放弃了。

“与父母讲话的时候就集中精力讲话，学习的时候就全神贯注学习。当然，玩游戏的时候自然可以尽情玩，也可以与父母分享养‘电子宠物’的心得。因此，在不能玩‘电子宠物’的时候，也不会茫然失措。”我希望孩子可以保持这样的状态。

通过这个事例我们能看出，只要与孩子商量好一些尽量避免不良影响的规则，并让孩子切实贯彻，适度玩游戏也是可行的。

我们可以把视线从“电子宠物”扩大到同类电子设备上。比如用 iPod 或随身听等播放器听音乐的话，可以制定“吃饭和学习的时候不能听（会妨碍讲话或学习）”“不能边走路或边骑车边听（为避免交通事故的发生）”等规则，让孩子遵守。再比如用游戏机玩游戏的话，可以制定“只有晚饭前可以玩”“周一、周三、周六可以玩”“做完作业才能玩”等规则。

一位信息教育专家向我推荐了“娱乐设备盒”的方法。

- ▶ “娱乐设备盒”必须放置在厨房或客厅等家长容易检查的地方，绝不可放在孩子房间内。
- ▶ 规定可以玩手机、电脑等的时间、日期，比如将可以玩游戏的时间设定为每周二、周四、周六的晚饭前。
- ▶ 在规定好的时间外，手机、游戏机等设备必须放回“娱乐设备盒”。

也有很多孩子喜欢回家后先做作业，因此如何规定玩游戏机的时间要根据各家实际情况决定。但原则上玩游戏机的时间，每天应控制在 2 小时内。因为根据专家的说法，如果一天玩游戏机超过 2 小时，就已经可以归类到“上瘾”的初期症状了。这样一来，如果不靠父母的介入，孩子很难从“瘾”中抽身出来。另外，每周玩游戏机的天数也要尽量控制在 3 天以内。

对于手机的使用，也应该加以严格控制。有很多孩子到了深夜还在偷偷玩手机，导致睡眠不足、学习精力不集中、人际关系问题频频出现等不良影响。

有时候，学校也会给孩子们规定，晚上 10 点以后不能玩手机。在我们家，女儿高中一年级才给她买手机，并且规定晚上 9 点以后不允许用。所以，9 点后女儿可以全身心投入到学习中。

看电视的规则也是同样。只是有一点需要家长注意，我们所规定的时间应该囊括电视、电脑、手机、游戏机等所有娱乐设备。

另外，请各位家长切记：绝对不要把电视、电脑放在孩子的房间。

如果这些娱乐设备放在孩子房间，家长难以做到随时监管。即使孩子上网看一些色情暴力的视频，或者半夜偷偷起来上网，家长也无从得知。

如何从已经“上瘾”的状态抽身

想必有的家长看到这里，会忧虑地提出：“我们家游戏机也买过了，买之前也没制定什么规则，现在孩子一天到晚沉迷在游戏里，真叫人头疼啊。”

面对这样的情况，我们又该怎么应对呢？

在本书的开始，曾提到一位“沉迷于游戏，晚上偷偷在被窝中通宵玩游戏的孩子”。确实，如果事先没有制定规则，那么事后弥补就显得颇为困难。但这并不是说我们就此束手无策。

以这个孩子为例，要想改善现状，首先父母必须狠下决心，而后制定循序渐进逐步减少游戏时间的规则。在规则制定过程中，父母应反复讲述这个规则是为孩子考虑，以谋求孩子的理解和认可。并在规则制定后，监督孩子遵守。

这个家庭具体制定出了“周一、周三、周五不玩游戏”和“周二、周四、周六、周日的晚饭后不玩游戏”的规则。

根据这个家庭的情况，父母回家较晚，如果单纯说“一天一小时”，那么在核定孩子到底玩了多久的问题上，会遇到困难。把规则调整为“晚饭后”，更有利于父母管理。

而孩子在明白这一天不能玩游戏机之后，会自然地跑出去与朋友们玩捉迷藏、踢足球（孩子也确实这么做了）。晚饭后，为了让孩子的思维从游戏中切换出来，可以让他去泡个澡，看一会儿喜欢的电视，或者和父母一起玩玩纸牌。父母也不必为孩子沉迷于游戏的样子而焦虑不安了。

这个孩子原先甚至为了玩游戏而退学，但通过父母的不懈努力，终于从一个有严重“游戏瘾”的孩子，回归到了正常范围。

从年龄上看，这个孩子仅有 10 岁，尚是对父母怀有强烈的敬仰之心的年纪，因此只要父母意志坚定，让孩子改变也并非无稽之谈。

制定可遵守的合理规则

无论是游戏机的使用方法、睡觉时间，还是看电视的时间，让孩子自觉遵守这些家人共同制定的规则的根本在于：教孩子明白这些规则背后的意义和价值。

想要做到遵守二字，必须理解这些规则包含了对家庭幸福和儿童健康成长的希望和期待。

这种理解不仅是指家长，也需要得到孩子的共鸣。在此基础上，父母才能更有理有据地教育孩子遵守规则，孩子才能更心悦诚服。比如，当亲子共同认识到确保睡眠时间对儿童健康成长不可或缺，就会促使家长积极监管、儿童自觉遵守“9 点钟睡觉”这一规则。

但是，无论“9 点钟睡觉”这一规则多么正当，贸然让一个平时 11 点睡觉的孩子马上做到也是不合理的（请回忆一下“Small Step”原则）。不过，当我们将规则先调整为“10 点半睡觉”，孩子的接受度就会大大提高，这个规则的可操作性也随之上升。

也就是说，我们在制定规则的时候，除了要考虑意义和价值外，还需要考虑规则的可操作性。在满足以上条件的基础上，这个规则才能被称之为“合理的规则”。

遵守规则的根本，首先是“对有可操作性的规则进行讨论”。换言之，我们要与孩子分享该规则的意义（价值），并确定该规则具有操作上的合理性。因此，在制定规则的时候，家长需要考虑到每个孩子的个性与情况，切不可生搬硬套。所以，在规则初步敲定后，须事先征询孩子的意见。或者，即使由家长单方面制定出规则，也须事后对孩子晓之以理、动之以情地解释说明。

那么，是不是说只要我们制定出合理、可操作的规则，孩子就能遵守呢？答案显然是否定的。孩子（人）本质上都是软弱的，稍有不慎就会被安逸所吸引。在遵守规则（习惯化）的过程中，这种软弱自然会显露出来。

有的孩子即使明白规则的意义（价值）所在，仍旧不去遵守。这种问题，通常是由于家长权威性不足。面对此类情况，家长可以遵循第 7 个原则。

专栏 5 不要让“早睡”沦为一句口号!

各位是否认真思考过孩子熬夜不睡的现象和可能导致的恶劣影响呢?

母亲:“阿悟,已经 10 点了哦,该睡觉了。”

阿悟(小学五年级):“我还想看电视。”

母亲:“真是拿你没办法啊。”

结果,阿悟去睡觉的时候已经过了 11 点了。

次日。

母亲:“阿悟,快点起床,该去上学了。”

阿悟:“不嘛,我还想睡……”

这天早晨,阿悟把面包猛塞到嘴巴里,喝了口蔬菜汁,总算卡在不迟到的时间去了学校。但是,阿悟在学校哈欠连天,根本无法集中精力学习。而因为瞌睡导致心情很是焦躁的阿悟,中午和朋友大吵了一架。

“因为熬夜而迟到,就算去了学校也哈欠连天,无法集中精力,心情烦躁不安容易与同学发生摩擦……”作为老师,我每天都能见到这些由“熬夜”引起的恶劣影响反复发生在孩子们身上。父母可能也想不到，自己的一句“拿你没办法”，竟然会导致这么严重的后果。

医疗专家神山润曾在他的著作《儿童的睡眠》(萌芽社出版)中提出“熬夜的 6 大危害”。

1. 睡眠不足：类固醇激素（steroid hormone）在晚间不能自然减少，会导致肥胖等问题。

2. 妨碍身心成长：在睡觉期间分泌的成长荷尔蒙不能正常发挥效用。

3. 身体平衡被打乱：易疲劳，食欲和注意力低下。

4. 引起焦躁不安的心情：难以控制自己的情感。

5. 饮食习惯不健康：不能好好吃早饭，引起肥胖等一系列身体问题。

6. 褪黑素分泌减少：导致加速老化，甚至引发癌症等不良后果。

对于第 3 点和第 4 点，我在学校的工作中感触颇深。

如果见到某个孩子哈欠连天，注意力不集中，我会如实将情况写在家长联络册上，通常家长对此的回复都是“孩子昨天熬夜了”。

比起在学校老师的反复斥责，这一问题的最佳解决策略当然是确保充足的睡眠。孩子们对于“集中精力学习”和“好好与朋友相处”一类的说教，早已听得耳朵生茧了。事实上，孩子们想集中精力却怎么都做不到，而且很难控制自己焦躁的心情。

儿童与成人所需的睡眠时间本就不同，家长们首先应该明白这一点。因此，如果真的希望孩子“集中注意力学习”“和朋友好好相处”“好好吃早饭”……那就要监督孩子不能熬夜，保证孩子充足的睡眠时间。

有的读者又会提出，“也就是做到‘早睡、早起、早饭’就好了嘛”。

这么想就将问题过于简化了。比如对“早睡”的认识，既有觉得“在我们家10点钟睡觉已经够早了”的家长，也有觉得“在我们家10点睡觉已经很晚了”的家长。我们必须知道科学的睡眠时间，才能去定义“早晚”二字。

滨松医科大学儿童青少年精神医学讲座特任教授杉山登志郎在某次讲座上，曾提出“小学阶段需要9到10个小时的睡眠时间”。低年级的孩子比高年级的孩子需要更长的睡眠时间。

我所在的小学，约有300名在校生。作为校方，我们向家长们提出“低学年的孩子9点睡觉，中学年的孩子9点30分睡觉，高学年的孩子10点睡觉”的要求。这样一来，10点钟睡觉、7点钟起床的高年级学生就能确保9个小时的睡眠时间。学前儿童则应在8点前睡觉，从而保证10个小时以上的睡眠。由此，如果某些家长觉得小学一年级的孩子“10点睡已经很早了”，那真是大错特错。

所以，我们不该单纯地记住“早睡、早起、早饭”的口号，而是应根据孩子的实际情况，制定各自家庭的规则。

“我也知道熬夜不好，但我们家孩子根本不听话，只顾着玩游戏、看电视……”

“我工作回家太晚了，实在管不了他……”

这样的家长也并不少见。请允许我再次赘述，儿童与成人所需的睡眠时间本就不同，家长们应牢记。

“睡眠是养育孩子的最好方式。”睡觉的时候，体内会分泌成长荷尔蒙，促进孩子身体成长。通过睡眠，休养身心与大脑，使身体从一天的疲惫中恢复，回到本初的状态。这就是睡眠的重要作用。家长必须肩负起确保孩子睡眠时间、从小为孩子创造规律良好的生活的责任。

我在教育现场切实感受到的：和 20 年前、10 年前相比，即使是那些没有任何发育障碍的孩子，出现不安焦躁、注意力涣散的情况也正在增加。导致这种现象颇为重要的原因便是睡眠不足。

可能讲出来有些难以置信，但神山润曾阐明：“当今日本 3 岁以下的孩子超过半数晚上 10 点后才睡觉，这种情况全世界只存在于日本。”直白地说，这种状况实在很严峻。

请再次阅读一下我们在专栏 3 中介绍过的“日本儿科学会的建议”。如果家中孩子熬夜的主要原因是电视、游戏机、智能手机、互联网，那么“原则 6 规范教育环境，远离‘现代凶器’”将会成为各位解决问题的重要参考。

下面，让我们再来看看如何让孩子养成早睡早起的习惯。

首先，睡觉前避免让大脑进行兴奋的活动（电视、电脑、智能手机、网络等）。在睡前受到过度的光和声音的影响，会妨碍人进入深度睡眠。

另外，最好能有自己的“入睡仪式”，比如遵循“泡个澡、换上睡衣、刷牙、钻进被窝”的顺序。在泡澡的时候，身体就已经认识到“快到睡觉的时间了，现在应该进入准备睡眠的状态了”。在身心得到放松的同时，入眠会变得更为容易。

最后，父母需要对睡眠的重要性有明确认识，并下定决心要求孩子做到早睡早起。如果孩子到了懂事的年纪，向他们讲述睡眠的意义和价值也不失为有效的方法。孩子在低年级时，对父母的话相对接受度较高，更容易遵照父母的决定行动。

为了孩子的健康成长，睡眠不可或缺。

原则7　重新确立话语权威

在学校向孩子讲述各种规则的意义并监督他们遵守，是教师再普通不过的职责之一。然而，如果切实做到这一点，会使教育发生天翻地覆的变化。

让我们来看看下面两位对比鲜明的教师。

■ 事先讲清规则、发出警告，并切实贯彻的教师A

有一次，小学四年级的某个班级需要从教室到电脑机房去。

教师A说："现在要从教室到电脑机房去。因为是上课时间，所以请大家务必保持安静。如果中间有谁讲话，我就会让他离开机房，一个人在教室学算数。"说完就让学生们开始行动起来。

"安静地移动"这一规则意味着：在上课时间不能影响其他班级的同学。孩子们当然很清楚这个道理。教师已经预见只让孩子明白道理肯定不够，因此事先给出警告——"如果中间有谁讲话，我就会让他离开机房，一个人在教室学算数"。

结果怎么样呢？很遗憾，虽然为数不多，但在过程中仍有几个孩子交头接耳。

问题的关键在于教师如何应对。教师A按照之前警告的内容，立刻让这几个孩子离开电脑机房回到教室，像什么都没发生过一样，上起了数学课。几个调皮的孩子见状，一句话也说不出来。

次日，这个班级再次需要从教室到电脑机房去。这一次，没有任何人交头接耳，而是快速安静地来到了电脑机房。不仅如此，学生们对老师接下来的指令可谓是言听计从。“先打开浏览器，然后把头抬起来听老师讲话。”孩子们马上照做了。这堂课的教学十分紧凑高效地完成了。

显然，教师 A 的话语对孩子们有分量，有威严。

■ 事先讲清规则、发出警告，未切实贯彻的教师 B

同样是小学四年级的某个班级需要从教室到电脑机房的场景。

教师 B 说:“现在要从教室到电脑机房去。因为是上课时间，所以请大家务必保持安静。如果中间有谁讲话，我就会让他离开机房，一个人在教室学算数。”说完就让学生们开始行动起来。

与教师 A 遇到的情况相同，教师 B 的班级在过程中也出现了交头接耳的孩子。而之后教师 B 采取了不同的处理方式。虽然事先已经强调过“如果中间有谁讲话，我就会让他离开机房，一个人在教室学算术”，但教师 B 在面对说话的学生时，只是严厉斥责“不是说过不准说话了吗”，而没有真的让学生回到教室。

这次结果有何不同呢?

这天的机房活动，有一部分孩子表现不佳。老师说：“先打开浏览器，然后把头抬起来听老师讲话。”但一些孩子埋头于上网，对老师的话不予理睬。老师为了等那些迟迟不肯松开鼠标的孩子，颇是头疼。

随后，老师立即重复了一次指令，还是有孩子抱着鼠标不放。因为不得不等着这些孩子，导致这一堂课拖拖拉拉，授课内容没讲多少，训斥的话倒是没少说。

教师 B 的话语对孩子们没有分量，没有威严。

为何会丧失话语权威?

我们在原则 6 的最后这么说道：

“有的孩子即使明白规则的意义（价值）所在，仍旧不去遵守。这种问题，通常是由于家长权威性不足。”

教师 B 的事例就是权威不足的典型体现。

“在地铁、公交、图书馆、餐厅等公共场所需要保持安静”，父母即使反复提醒，孩子也当作耳旁风。“10 点钟要睡觉”“睡前必须刷牙”“脏衣服要放在这里”……无论你说多少遍，孩子一个字也听不进去。

不少家长向我反映：“我都说了多少遍！他一点变化都没有！”在说教中，父母也积累了颇多的压力，为此感到很不安。

为什么会产生这种的状态呢?

原因是，家长自己言行不一，向孩子传递了“你不按照我说的做也没关系”的信息。说出的话语被孩子轻视，没有相应的权威性。

那些叹息着“我们家的孩子不听话，真叫人头疼”的家长，请认真思考一下自己是否好好重视“语言的分量”了呢？

- ▶ 是否向孩子清晰传达要求？
- ▶ 提出的要求对孩子而言是否是难以完成的任务？（如果提出孩子无法完成的要求，家长最终只能沦落到撤回自己说过的话的结局）
- ▶ 是否清楚地向孩子告知该任务的意义（价值）？
- ▶ 家长是否全程观察孩子的执行情况？
- ▶ 在孩子完成任务后，是否表示了认可和表扬？
- ▶ 如果孩子没有完成，家长是否切实监督管理了？

那么，家长一旦丧失了讲话的权威，还有挽回的可能吗？

运用“Trail Run”[①]，让家长压力归零！

请各位放心，曾经丧失的权威仍有挽回的方法。

下面，我们通过“教孩子遵守图书馆的规则”这个场合来具体讲解。大家可以一边想象自己是阿俊的母亲，一边阅读。

■ 毅然贯彻规则

阿俊（7岁）十分喜欢让妈妈带他去图书馆。但是，每次去图书馆，阿俊都会在里面乱跑乱闹。

刚开始，妈妈会好好向阿俊解释：“图书馆是让大家安静读书学习的地方。阿俊也要保持安静。”

然而，阿俊没消停多久，又开始跑跑闹闹起来。

于是，妈妈严肃地与阿俊对视，声调平和地重复着一开始的指令：“在图书馆不可以吵闹和跑动。”

结果，阿俊安静了一下子之后，又旧态复发。妈妈重复了刚才的警告，严肃地与阿俊对视，声调平和地重复着一开始的指令：“在图书馆不可以吵闹和跑动。”这是最后一次说教。

不出所料，阿俊还是没有将妈妈的话放在心上。这时，妈妈二话不说，带着阿俊离开图书馆回了家。阿俊当然闹着不回去，但妈妈的态度不容动摇。

---

① 字面意思为“试运行”，这里指用行动体现权威，使家长权威重新回归的方法。——编者注

这与前面教师 A 的做法如出一辙。

按照这种做法，家长可以重新找回话语的权威性。

做到这一点最重要的是坚定不移的态度。也就是说，家长需要向孩子展现出自己真刀真枪的决心。

当家长将孩子从图书馆带回家后，不必再重复“我告诉过你多少遍不要在图书馆吵闹”的说教（请回顾一下教师 A 的处理方式）。将孩子带回家这一行为，已经足具说服力，不需要再画蛇添足地斥责批评。

而这个事例的主人公阿俊，此后去图书馆时，再也没有乱跑乱闹过。

这种有意识、有计划的处理方式，专业的说法是 “Trail Run”。

实践“Trail Run”！

接下来，我们再看一个例子。假设兄弟两人，无论是在超市、餐厅、车里都吵个不停，让你感到束手无策，你该怎么办?

父母要选择与孩子一决胜负的舞台。“与孩子一决胜负”这个词，乍听之下可能让人有些难以接受，但事实上这确实是与孩子的“战斗”。为了让孩子养成良好习惯、遵守礼貌与规则，父母必须在这场战争中胜利。如果你觉得“兄弟俩一在餐厅吵架就把他们带回家”对孩子来说太严苛了，那么不妨选择超市当作你的舞台。

首先，向兄弟俩讲述这个规矩的意义：“你们在超市里高声争执、大动拳脚，这会给别的顾客造成麻烦，让妈妈在大家面前十分羞愧。你们不可以这样。”

其次，为了防止孩子不遵守规则，父母可以事先发出警告：“你们如果不听话，我就不给你们买小零食了，咱们马上从超市回去。”

接下来，依计划带孩子去超市。如果孩子没有在超市吵闹，一定要予以表扬：“今天大家都很听话，真是很棒，妈妈很欣慰。多亏了你们两个没吵架，妈妈今天买东西特别顺利。”

如果兄弟二人在超市发生了争吵，父母不必恼怒，只要用平和但坚决的态度告诉孩子：“如果你无法遵守要求，那么我们马上就回家。”然后，不要给孩子买任何零食，当场带他们回家。

孩子没有得到自己想要的零食，想必会不依不饶一番，甚至会向父母表示“我们已经和好了”。但父母不必理会，用淡淡的态度无视他们的吵闹即可。回家后，也不再关于这件事进行说教。

这种言出必行的处理方式，会让父母重新恢复话语权。

如果父母做不到言出必行，那空口威胁“我现在就带你们回家”“我再也不带你们去超市了”反倒会适得其反。当孩子发现父母的警告只停留在口头上的时候，就会愈发不重视父母的话。

父母在说话前，须经过斟酌再出口。

即刻见效！“Broken Record Technique”①

为了挽回父母话语的权威性，我们可以采取“Broken Record Technique”的方式。下面就让我们用实际的例子加以说明。

■ 让孩子遵守游戏时间

母亲：“由纪，时间到了，别玩游戏了。”

由纪：“不是还没到吃晚饭的时间吗？”

母亲：“那你也不能再玩了。”

由纪：“我马上就要通关了，再让我玩一会儿。”

母亲：“不行。”

由纪：“就这么一次嘛。”

母亲：“不行，别玩了。”

由纪：“知道了，我不玩就是了！”

母亲：“很好。晚饭马上就烧好了。”

不停地重复同样的话，并且不要加入任何感情的起伏。无论孩子如何央求，家长只要保持温和但坚定的态度即可。

“Broken Record Technique”的原则可以运用于“到

---

① 字面意思为“破损唱片法”，一些损坏的唱片会反复播放某一段内容，这里引申为多次重复指令以挽回父母话语权的方法。——编者注

该睡觉的时间了”“到该洗澡的时间了”等各种场合。

做到这一点的关键，同样是父母的决心。

虽然在表面上家长并没有采取激烈的方式，只是平静地重复自己的要求，但这其中隐含了贯彻到底的决心。

不过，没有哪种方法是万能的。当家长发现这个方法已经沦为机械重复的时候，可以采取其他刺激孩子的手段，比如“如果你今天还不听话，那明天妈妈就会没收你的游戏机”等。

为了孩子，父母要赢！

切实为孩子考虑的父母，会制定诸种规则，并让孩子予以遵守。

- “地铁、公交、图书馆、餐厅等场合之中需保持安静。”（这是社会规则与礼貌）
- “晚上10点钟要上床睡觉。”“先刷牙再睡觉。”“到了时间要去洗澡。”（这是基本的生活习惯）
- “到了6点钟就不准玩游戏了。”“到了6点钟就去学习30分钟。”（这是培养学习习惯和自我管控的表现）
- “脱下来的衣服要放在规定的位置。”“要帮爸爸妈妈准备饭菜。”（这是体贴周到、乐于助人、富有责任感的表现）

如果父母教授孩子这些规则，但遭到孩子的无视、还嘴、抵抗，那么亲子间的“战争”就算打响了。不让孩子任性妄为，予以教育、纠正的“战争”，哪个家庭都多多少少会遇到。

社会规则和礼仪、基本的生活习惯、学习习惯、自我管控能力、体贴照顾之心、责任感……父母有责任帮助孩子培养这些品质与习惯。这些品质和习惯对孩子的成长大有裨益，所以，家长在这类“亲子战争”中非赢不可。因此，各位家长挺起胸膛，堂堂正正面对“亲子战争”吧！

盲目坚持权威可能适得其反

我们一直强调父母话语的权威性，这的确极其重要。话既出口，若没有非常特殊的理由，就应该遵守。所以，家长在说话前需经过思考，而不是脱口而出。

不过，这里其实隐藏了一个陷阱。即便家长做到了有筛选地讲话，也不代表“我说出的话，你必须做到”。这种坚持应该引起我们的警惕。

“一切都是为了孩子好”“这是孩子现在力所能及的事情”“如果这样他还不听，那我就得用点手段教训他，非让他听话不可”……这些行为，事实上已经和“体罚”挂钩了。无论动机多么正当，也不能为体罚开脱。

我们来看一个例子。

父亲："那个转角前很危险，到那里一定要停下来！不然我就打你屁股！"

孩子没把父亲的警告当回事，还是一路冲了过去。

父亲："我说过要在转角前面停下来！"

父亲发现自己说过的话被孩子无视了，就按照之前的警告揍了孩子一通。

孩子一边哭一边问："爸爸，'转角'是什么意思啊？"

这个例子中，孩子根本没有理解父亲的话。

因此，家长盲目坚持"言出必行"，最后反倒不利于自己权威性的树立。

话语的权威，不单是由正当理由、执行能力、言出必行组成，其中还包含了诸多要素。

上述事例中，"用孩子可理解的语言传达"就是要素之一。

在接下来的原则 8 中，我们会一起学习组成话语权威的众多要素，并共同探讨面对什么都听不进去的孩子，家长应该如何应对。

专栏 6 改善因误学或未学引起的问题行为

婴儿会通过“哭”来表达自己的各种诉求。

“我饿啦。”（食物在哪里）

“尿湿啦，我不舒服。”（快帮我换尿布）

“我醒了。”（快来看看我）

……

伴随着年龄增长，“哭”这一行为与传达诉求的原始作用渐行渐远。

“给我买零食”“你把这个玩具借我玩玩”“陪我玩一会儿投球嘛”……孩子长大后，会懂得用相应的语言来表达他们的不同诉求。

正确传达这些诉求的方法，我们在专栏 3（P104）当中已经提过。“水”这个词的表述靠孩子自然掌握是不可能的，一定需要经由母亲或身边的人教授或潜移默化地学习才能完成。

比如，妈妈和孩子一起玩沙子时，指着孩子正在使用的铲子说：“借我用一下。”因为是自己最喜欢的妈妈的要求，孩子把铲子递了过去。妈妈微笑着看向孩子，边说“谢谢”边接过来。孩子会被妈妈的笑脸和感谢触动，感到愉悦和幸福，觉得“借给妈妈真好”。

有一次，孩子想借妈妈正在使用的铲子。妈妈制止了准备直接拿过去用的孩子，告诉他：“你想借铲子对吗？这种时候要先说‘借我用一下’才行哦。你来说说看。”孩子依言说：“借我用一下。”妈妈听罢夸奖道：“真棒！”说着把铲子递给孩子。经过几次类似场面，孩子渐渐学会了自己主动说“借我用一下”。

但是，现实生活中“在超市大哭大闹要买零食的孩子”“为了抢玩具动手打人的孩子”等有问题行为的孩子并不罕见。我们通常认为这是由错误学习或是尚未学习所导致的。

具体说来，如果孩子有过“我在超市里一哭闹，妈妈就买给我了”的经验，下次再遇到类似事情的时候，他仍会采取同样的方式。这就是所谓的错误学习。“我把小伙伴打了一顿，结果就能开开心心地玩玩具”亦是如此。

为了预防错误学习的发生，家长要告诉孩子“你就算在超市里哭闹，今天说不买就是不买”，无论孩子说什么都坚守这一原则。同时，教育孩子慢慢学会忍耐和控制自己的欲望。

在孩子年纪尚小的时候，“根据不同场景，自己要做出示范，在孩子达成要求后予以肯定和表扬”的方法尤为有效。如果见到孩子为了玩具随意动手打人，不仅要及时制止，还要引导孩子用“借我玩一下”的语言来表达自己的诉求。在孩子学会后，记得予以肯定和表扬。

在这些经验的累积中，我们就能帮助孩子渐渐改善因误学或未学引起的问题行为。

原则8 给孩子有效的指令

我想一定有家长会因为“孩子一句话都听不进去”而感到不知所措，下面的例子，我想大家都不陌生。

如何应对不听指令的孩子？

■ 用完玩具不收拾的孩子

儿子很开心地在玩堆积木。我告诉他：“你玩好了之后把积木收起来哦。”说罢，我便出门了。结果，当我回家的时候，被眼前的场景震惊了。房间里积木散了一地，而儿子早就跑到外面去玩耍了。**（8 岁男孩的母亲）**

■ 不认真洗餐具的孩子

因为要参加家长教师协会的会议，我出门前拜托女儿把用过的餐具洗一下。回家后，我走到厨房一看，残留着没洗干净的油渍酱汁的碗碟堆在那里，到处都是水。结果，我只能自己重新收拾。**（10 岁女孩的母亲）**

■ 怎么说都不帮忙的孩子

我想烧麻婆豆腐的时候，发现家里的豆腐用完了，便对女儿说："你去超市帮我买点豆腐。"女儿答："现在电视正好看，等会儿吧。"我急着要用，只好自己去买了。**（11岁女孩的母亲）**

■ 不把家长联系手册放到规定位置的孩子

因为曾经有过孩子早晨把联系手册拿出来，我一看才发现当天就是问卷调查的截止日期了，急急忙忙赶紧完成的经历。所以，平时我就告诉孩子："你回到家先把联系手册拿出来放在这个盒子里。"结果，常常等我晚上回家，发现今天这孩子又没有把联系手册拿出来，于是忍不住开口严厉斥责。

面对自己家那个说了多少遍都一句不听的孩子，家长会被气得不知如何是好，心中很是焦躁不安。

说起孩子不听话的理由，恐怕每个事例都有其特殊性，能找出形形色色的理由。我们将从下面三个视点对不听话的理由和应对要点进行讲解。

视点 1　你的指令真的传达给孩子了吗?

视点 2　你的指令孩子力所能及吗?

视点 3　这是孩子想做的事情吗?

视点1　你的指令真的传达给孩子了吗?

■ 是你以为孩子理解了，还是孩子真的理解了?

让孩子听话（遵从指示）的大前提是孩子充分理解你说的内容。

也就是说，“孩子明白、理解”是必不可少的要素。这一点是我们面对的第一个难题。

为了确实让孩子明白、理解，家长该怎么做呢?

要点有以下 5 项。

要点1　使用孩子可理解的、非抽象的语言

“杯子太烫了，拿的时候要用托盘哦。”家长刚提醒过，孩子却仍是直接去拿杯子，自己被烫了一下，红茶也洒了出来。事后问过才知道，孩子不知道“托盘”是什么意思……

有时候，我们会遇见“孩子不明白家长说的话，所以不听话”的情况。根据孩子的成长阶段，使用孩子理解的或容易理解的语言，是家长们应该注意的要点。比如，可以先向孩子解释“这个碟子的名字叫托盘哦”，再向孩子发出指令。

与可理解的语言并列，非抽象的语言同样重要。

比如说，“看电视适可而止吧，现在该洗澡了”，这里的“适可而止”十分抽象。应该使用“到了 8 点钟”“再看 5 分钟”等具体的语言。

“到了8点钟，就关掉电视去洗澡”，这种说法更容易让孩子接受。事先给出具体的“预告”，让孩子有接下来应该切换行为的心理准备，从而可以顺畅地完成家长的指令。

要点2　遵守“一时一事”原则

家长应该遵守“一时一事”的原则，不要一次性提出多个要求。否则，孩子大脑的短期记忆力（short-term memory）会难以负荷。且不说能否一次完成多个要求，单是“记忆”这些要求都无法做到。

“把积木分门别类放在不同盒子里，这样下次用起来更方便。”

“收拾的时候要看看是不是有积木掉到桌子下面了。”

“如果有特别想保留的积木作品，要放在那边的架子上。”

“收拾好了之后，可以去冰箱里拿布丁吃。”

“吃完之后……”

……

一次性提出这么多要求，孩子怎么可能记得住呢?

“就算你这么说，有时候我不逐一提醒他，他也会弄得一团乱。”有的家长如是说。

“明明有很多想让孩子完成的事情，一次说出来他又记不住。”面对这种情况，我们可以把要求全部写下来。

比如说，想让孩子跑腿，可以写一张“购物小贴士”给他；或者将要做的事情分为几个步骤，全部写在纸上贴出来。

我家女儿小学一年级的时候，我制作了下图的小贴士，贴在显眼的地方供女儿随时参考。直到她将这些事情牢记于心后，我才揭下来。

回到家后应该做的事情

1. 告诉大家"我回来了"，整理自己的书包。
2. 把家长联络手册和学校的通知等放在固定位置。
3. 去奶奶的房间，向她汇报今天发生的事情。
4. 晚饭后，和妈妈确认明天的日程表。

要点3　寻找合适的时机

家长提出要求的时机也很重要。孩子十分着迷地看电视、玩游戏，或者正在集中注意力做作业的时候，都称不上是好时机。家长应避开这些孩子难以分散注意力的时段。

如果一定要选在这样的时间里，在提出要求前应让孩子先停下眼前正在做的事情。

也就是说，如果孩子正在专注地看电视、玩游戏、做作业，无论你对他说什么都会被当作耳旁风。因此，让孩子先停下手头的事情，再提出要求或指令比较妥当，如果家长不确定自己说的内容是否确实传达给孩子了，那么可以通过让孩子复述的方式加以确认。

要点4 遵循“CCQ”原则

家长在讲话的时候，同样需要一心一意、态度得当。我们把这个原则称为“CCQ”原则。即 Calm（温和）、Close（亲近）、Quiet（安静）。

Calm（温和）

将自己的心情调整到温和平静的状态。如果父母感情过于激烈起伏，就容易丧失理性判断，并引起孩子感情的波动。

Close（亲近）

讲话时不要距离过远，比如一边切菜一边冲孩子喊，而是走到孩子身边对他说话。

Quiet（安静）

说话的语调应该轻柔安静。实际尝试过的家长应该明白，如果疾风骤雨地高声命令，孩子不仅会充耳不闻，还极可能引发抵抗感。而柔声细语地与孩子讲话，反倒会更有成效。孩子在心理上较容易接受，从而促使他把家长的话转化为行动。

一边是家长怒火万丈，从距离较远的地方冲孩子大喊：“要洗的衣服得放在筐里面！我说过多少次了！”另一边是家长以平和但坚决的态度，走到孩子旁边，平静地说：“要把想洗的衣服放到筐里面去哦。不然的话，妈妈到处找要洗的衣服好辛

“CCQ”原则

Calm：温和
Close：亲近
Quiet：安静

苦啊。”后者要比前者效果好得多。

要点5　利用视觉信息，同时注意语速

神经语言程序学的理论告诉我们，人可以分为视觉优先（更容易接受眼睛看到的信息）、听觉优先（更容易接受耳朵听到的信息）、感觉优先（更容易接受味觉、嗅觉、触觉感知到的信息）三种类型。

听觉优先的家长会仅将关注点放在口头语言表达上，而如果孩子是视觉优先的类型，就有可能出现沟通不畅的情况，这时可以采取图文并茂的方式向孩子传达自己的意思。

听觉优先的父母习惯用较快语速讲话，而依靠味觉、嗅觉、触觉感知信息的感觉优先型孩子很难跟上这种语速。

拿“咖啡”这个词举例。感觉优先的人在听到“咖啡”二字之后，会自然联想到口中蔓延开来的苦味、温热的杯子，等等。因此，这类人常常说话速度比较慢。他们面对提问时，会首先从身体中寻找相关记忆和感觉再开口回答，如此自然要比其他类型的人慢上半拍。而家长如果不考虑这一点，就可能导致家长一个人讲个不停，孩子的话越来越少的情况。

因为孩子总是反应有些迟缓而感到焦躁不安，反复催促“快点快点”的家长多是“听觉优先型”，孩子则可能是“感觉优先型”。父母应该在理解这种差异的同时，配合孩子的实际情况调整自己的讲话方法，比如放慢语速、耐心等待回应等。

有两个孩子的家庭，常常会遇到两人类型不同的情况。切

不可觉得“你姐姐马上就明白了，你怎么反应这么慢啊”而贸然责备，因为姐姐可能与家长同为听觉优先的人，弟弟则不然。

不同类型的人接受事物的方式不同，在传递信息时不要仅仅依靠语言，还可以用实物、图画、文字辅助，并适当调整语速，才能让孩子更容易接受。

“我们家孩子一点也不听话”——在这么抱怨前，家长需要先确认自己的话语是否有效地传达给了孩子。

如此看来，前几页中“用完玩具不收拾的孩子”可能根本没理解家长的话语。

在此例中，首先家长提出要求的时机不当。应该让孩子先停下积木游戏，集中注意力听你讲话。

其次，应以平和但坚决的态度，走到孩子旁边，平静地告诉他你的要求。运用 CCQ 原则，简洁地说“积木玩好了之后要记得收拾”即可。

回家后，如果见到孩子确实收拾好了，务必记得表扬；如果没有收拾好，等孩子从外面玩回来仍旧让他收拾自己的积木，完成之后加以表扬。

视点2　你的指令孩子力所能及吗？

■ 孩子有能力或有条件听话吗？

为了让孩子“听话”，仅仅明确话语的意思是不够的。

我们的要求（指令）必须是孩子有能力或有条件做到的事情。这是我们面对的第二个难题。

为了攻克第二个难题，我们可以从两方面考虑。

要点1　提出孩子“能做到”的指令

父母以成人的视角提出指令，孩子有时是无法做到的，比如前几页中“不认真洗餐具的孩子”，可能根本不具备“洗干净餐具”的能力。

这种情况下，应该从孩子已经理解、力所能及的事情开始，设置难度逐渐增加的目标，循序渐进让孩子完成（“Small Step”原则）。

首先，让孩子帮忙擦干家长洗好的碗碟。运用表扬、感谢的语言，让孩子可以顺利完成这个要求。在这个过程中，孩子自然而然会见到家长洗餐具的样子，这其实是一种无声的教学。

当孩子可以漂亮地完成“擦干餐具”这个任务时，就可以让他挑战洗碗了。首先，将洗碗的固定步骤讲清楚；然后，将舞台交给孩子，家长则担任擦碗的角色，并且同时要看着孩子的动作。如果孩子有做得不好的地方，家长可以从旁提醒。

当孩子掌握了洗碗的方法之后，家长给出“把餐具洗一下”的指令才能成立。也有可能仍会出现“碗碟残留着没洗干净的油渍酱汁”的情况。家长不要急着对孩子洗碗的方法加以纠正指导，而是先加以表扬、感谢，随后再慢慢地把正确的洗碗方法教给他。

要点2　考虑孩子的情况

就算是力所能及，“现在做不到”也完全可能！

比如说，“现在正在做作业，不行”“因为马上要去上钢琴课，没办法”“一会儿我约了朋友，不好意思”……正在忙某件事，或者是接下来要赴约等情况都会导致我们无法完成别人的要求。而对孩子来说，除了做作业、去补习班外，看电视、和朋友玩耍也是很重要的事情。遇到这种情况，家长只能少安毋躁，给他们一些时间。

像是前面提到的“怎么说都不帮忙的孩子”，这里的不帮忙其实是家长提出要求的时机不对。“现在电视正好看，等会儿吧”的意思是“等这个节目完了就可以”。作为妈妈，马上要烧饭，实在等不及的话，可以和孩子商量:“我现在就想用呢。我帮你把这个节目录下来，你帮我跑一趟吧？”我们在提出要求的时候，不仅要考虑家长自己的情况，还要顾虑孩子的情况。

视点 3　这是孩子想做的事情吗？

■ 这个要求的意义和价值孩子真的明白了吗？

视点 3 要求我们思考，你的要求（指令）是否是孩子想做的事呢？这也是我们面临的最后一个难题。本章的原则 2 中我们提到“激发孩子兴趣，调动孩子积极性”，这也是告诉各位家长，无论是状况多么良好的汽车，如果没有汽油（积极性）也寸步难行。

生活中，我们常常会遇到面对可理解、有能力的要求，但就是不想去做的情况。前文举出的几个例子都有可能出现这种局面。比如说，就算没有好看的电视，也不去跑腿买豆腐。因此，想要攻克最后一项难题实在不易。

不过别担心，下面有几条锦囊妙计。

要点1　说明指令的意义和价值

我们首先采取的方法是，向孩子解释要他做这件事的意义和价值。以“不把家长联系手册放到规定位置的孩子”为例，可以这么解释：

“（行动）早晨才把联系手册拿出来的话，

（影响）又要填写问卷调查，又要准备上学的东西，

（感情）会让妈妈很慌张。

所以，一回家就要把联系手册拿出来哦。”

像这样，解释的内容需要包括行动、影响、感情三个要素。

这被称之为“I Message”，稍后我们会做更详细的说明。与单纯给孩子下达指令相比，这种包含了清晰意义和价值的语言——即包含了“我想让你做的理由”的语言，更能调动孩子的积极性。

要点2　巧用赞扬和感谢

有时候，我们会碰到很难向孩子说明一件事情的意义和价值的情况。

这时，可以灵活运用表扬、感谢（奖励、外部动机）来激发孩子的积极性。

表扬收拾积木的孩子或感谢帮忙买豆腐、洗碗的孩子，这些对促使孩子听从指令都很重要。

有的家庭规定：帮忙做晚饭的话，就给 30 块钱奖励。我们不该贸然否定这种做法。也许以此为契机，孩子发现了烧饭的乐趣，感受到帮助别人的喜悦，最后做出的饭菜越来越美味。

我们自己可能尚未注意到，我们遇到不听话的孩子时，常常会斥责“你为什么不听妈妈的话”，并威胁说“这样的话，妈妈也不要烧饭了，干脆大家一起看电视”，更有甚者，会对孩子实施体罚。家长一气之下，可能会丧失理智而对孩子拳脚相向，因此请务必先冷静下来再采取行动。贸然对孩子动手，不过是逞一时之快，对孩子和家长都会产生负面影响。

要点3　培养“家人互助”价值观和助人的习惯

除了前面讲到的内容外，还有两个有效的方法。

首先，将“家人互助”的价值观深深根植在孩子心中。

其次，孩子在上小学前的这段时间，相对容易接受父母的要求、指令。应趁这个时机，让孩子养成帮助别人的习惯和其他一些基本教养。也就是说，通过表扬让孩子体会帮助别人的喜悦；趁孩子容易塑形的时候，让他养成“用完收拾”等良好习惯。

在抱怨“我们家的孩子不听话”之前

我们一起分析了“用完玩具不收拾的孩子、不认真洗餐具的孩子、怎么说都不帮忙的孩子、不把家长联系手册放到规定位置的孩子”这些案例，并提出了解决方法。

有时候，面对那个怎么都不听话的孩子，家长难免会抱怨。但抱怨不会让事实有任何改善。

如果真的想改变现状，家长首先需要参照前面的3个视点，心平气和地反省自己的做法是否确实存在问题，并认真思考该怎么对孩子说话。

只要反复调整自己的说话方式，假以时日，孩子“不听话”的状况一定能够好转。必须通过大吼大叫或威胁的方式才能让孩子听话的情况会越来越少，亲子关系也会从谷底渐渐回升。要相信，努力总有回报。

原则9 不要被感情左右

日本有一本图画书，名叫《一只小蜜蜂引发的故事》。书中讲述了一只蜜蜂蜇了一头公牛而引发的连锁事件。被蜜蜂蜇了的公牛变得十分暴怒，公牛的愤怒影响了母牛，母牛影响了老奶奶，老奶奶影响了老爷爷，老爷爷影响了骡子，骡子又影响了山羊……怒火由一处蔓延到另一处。故事用幽默的笔触讲述了传递负面情绪的可怕后果。

家庭生活不亦是如此?

比如说，丈夫在工作中被上司训斥，结果回家冲妻子发了一通火，妻子斥责了长子，长子又欺负了次子，次子去学校和同学闹了矛盾……这就是所谓的负面情绪的连锁，还可以叫不幸的连锁。

无论是成人还是孩子，在繁忙或疲惫的状态下，都会变得容易暴躁。这种状态下，平时可以心平气和接受的事情也有可能无法接受。

“斥责→反抗→消沉”的恶性循环

■ 即使不到生气的地步，仍会感到焦躁不安

深夜疲惫地回到家，本就忙碌的日子因为年关将近更添了

几分烦乱。早晨根本没时间坐下来读报纸，只能等晚上开罐啤酒，边喝边看。

这时，女儿（6岁）坐到了我的腿上。她这么一坐，我根本无法好好读报。疲倦之下，我不禁冲她大喊："别闹了，赶快下来！"女儿被我的模样惊吓到，她从我身上下来，站在一旁有些发愣。她看到我埋头看报不理会她，转身从我的房间跑了出去。我的本意并非如此，遂感到很沮丧。**（6岁女孩的父亲）**

这位父亲平时常常照顾孩子，是个关心孩子的好父亲。但当天工作太疲惫，好不容易想放松一下静静读个报纸，却被女儿打乱，于是冲女儿发了一通无名火。

人确实会在疲倦的时候易躁易怒、情绪不稳。即使平时可以容许的事情，此时却可能成为斥责的对象。这么做，会使得孩子很难接受。

长此以往，被烦躁冲昏头脑的无理斥责，会引起孩子的麻木甚至反抗，最终可能演化成一场家庭战争。

家长不应被一时感情冲昏头脑，首先应该控制自己的情绪。

焦躁应对法1　将不满平和地讲出来

控制感情并不是抹杀感情。拿刚才那位父亲的例子来说，并不是要他抹杀"实在太累了，我想先休息休息"的心情，非要勉强自己陪孩子玩耍。而只是需要他将"爸爸很累了，想休息一会儿”的心情平和坦率地告诉孩子。

刚才那位父亲如果想稍加改善，可以这么说：

“爸爸刚下班回来好累啊。现在想喝点啤酒安静地读会儿报纸。女儿你先从我膝盖上下来，等爸爸休息休息再和你玩。”

这种表达方式会收到更加积极的效果。父亲不大声责备，女儿也会理解地等父亲读报休息。如果父亲稍后能陪女儿玩一会儿，她一定会十分开心。看到孩子的笑脸，父亲也会被治愈吧。

不必牺牲自己的感情、不必攻击迁怒对方，只需将自己的心情坦率而平和地传达出来即可。

■ 运用“I Message”

运用“I Message”，坦率地传达自己的感情也不失为一个良方。

“I Message”原则上要求包括“行动、影响、感情”三个要素。

比如说：

“（行动）想要放松地读报纸的时候，你如果在爸爸膝盖上晃来晃去，

（影响）爸爸就没办法读报纸了，

（感情）会让爸爸心情很不好。”

如果采取“别闹了，赶快下来”的说法，孩子会认为这是被讨厌的意思。

而当我们使用“行动、影响、感情”三要素来传达想法时，

孩子会理解为“爸爸不是讨厌我，只是想读会儿报纸”，从而在感情上更容易接受。

我们说过，人在忙乱的时候容易变得焦躁易怒，会因为平时一些根本不介意的小事而大发雷霆。而无论是发火的一方，还是承受了这种无名怒火的一方，等事情过去后都会感到有些不舒服，甚至消沉沮丧。

不要被一时的感情冲昏头脑，务必冷静下来三思而后行。如果考虑到自己行为可能引起的后果，我们应该能够做出更明智的选择。

这就如同下一盘棋，走一步想三步的谋略才能帮我们避开最糟糕的结局。如果不用智慧，家长很难在“亲子战争”中取得胜利，甚至会节节退败，深陷泥沼而不能自拔。

即使不使用“I Message”，仅仅将自己讲话的口吻从颐指气使变为商量拜托，效果也会大有不同。

总而言之，让我们先静下来想想，怎样才能让对方对我们的话心悦诚服吧。

焦躁应对法2　“说了和没说一样”的事情选择不说

一般情况下，母亲和孩子接触相对较多，所以孩子的一切行为都有可能成为母亲压力的来源。

你是否有过下面这样的经历呢?

■ 常见的斥责模式

“你要睡到什么时候！到什么时候你才能自己起床！”

“你别这么慢吞吞吃饭好吗？赶紧吃，我要收拾了！”

“别光挑你喜欢的吃，真是的！吃点蔬菜！”

“你又把书包放在玄关，赶紧拿走收拾了！说多少遍你才能长记性！”

“我在忙呢！自己一边玩去！”

“你又没把家长联系手册拿出来！不是跟你说了一回家就得拿出来的吗？！”

“明天就是汉字考试了，你不复习能行吗？！”

“你要玩游戏玩到什么时候！作业做完了吗？！”

“你准备看电视看到什么时候，还不赶快去练琴！你是不准备再学钢琴了对吧？！”

各位家长们是不是从这些话里找到了自己训斥孩子的常用语呢?

这样的斥责方式，会让说者、听者都产生巨大压力，更不要提把家庭打造成一个温馨和谐空间的目标了。

各位家长肯定想知道如何才能改变这种情况，在这之前容我问几个问题。

通过上面这些斥责，孩子的行为发生改善了吗?

是否无论怎么训斥，孩子不仅没有任何改变，还使得亲子关系一落千丈呢?

如果答案是“没有改变”，这些警告和训斥就等同于无效行为。那么，我们就应该大幅削减自己的无效行为。

对于说了和没说都一样的事情，如果讲出来反倒会加速事态（关系）恶化，那么就选择不说。做到这一点，就能大幅减少因芝麻小事而引起的训斥。

只有这样，才能培养温馨和谐的家庭氛围，让孩子从中感到温暖。

家长们的精力也十分宝贵，与其把精力浪费在无效的警告、训斥上，还不如多花些功夫思考更有效果的应对之策。

焦躁应对法3　给问题行为定级，从容应对

在思考如何更有效地应对孩子的问题行为时，“从容”二字不可忽视。拥有了从容的态度，我们才能冷静地思考解决之策。

保持从容的方法之一，就是将孩子的问题行为定级。

比如，我们可以采用表示地震强度的“震级”来分类。

- 1 级：在安静的室内空间，部分人会感受到轻微震感。
- 2 级：在安静的室内空间，大多数人会感受到震感。
- 3 级：在室内的人几乎都感到震感。
- 4 级：大多数人感到惊慌，吊灯等悬挂物剧烈摇晃，一些地板上的放置物也发生了移动。
- 5 级：大多数人会感到恐怖，想要有依靠物。柜子里的碗碟会摔落，未加固定的家具会发生位移或倾倒。

……

在震级 1~3 的地震中，很少有人会急急忙忙躲到桌子下面，或跑到室外避难。“啊，有地震。快把电视打开看看。”——大多数人的反应莫过如此，很少会感到惊恐不安。

然而，当震级上升到 4 级以上时，人们的心理就会发生变化。人们会把燃气切断，躲在桌子下面避难，采取一系列行动。

在发生 2、3 级地震时，我们不会产生面对 4、5 级地震时的那种紧张感和恐怖感。也就是说，通过对地震强度的定级，我们可以根据不同级别采取相应对策。

■ 试着区分无法容忍的行为和尚可容忍的行为

各位家长在面对孩子的问题行为时，是否有面对 2、3 级“地震”却反应激烈的情况呢？

我们应该在面对 5 级，至少是 4 级以上的问题行为时，才抱有这种激烈的态度。

大致来说，我们可以把孩子的问题行为分成“危险的、无法容忍的行为”（相当于 4 级强度及以上）和“不提倡、需减少的行为”（相当于 3 级强度及以下）两大类。

通过行为分类，当我们面对尚可容忍的问题行为时，就能控制自己烦躁气愤的情绪，让心从持续的紧张感中释放，以更冷静的态度思考解决之策。

接下来，让我们在实际生活中试着对孩子的问题行为进行定级吧。

× 代表“危险的、无法容忍的行为”，△代表“不提倡、需减少的行为”。在该行为后面的（ ）里画上 × 或△吧。

问题行为定级

×代表“危险的、无法容忍的行为”，△代表“不提倡、需减少的行为”。在该行为后面的（ ）里画上×或△。

1. 早晨无法自己起床。（ ）
2. 吃饭速度慢。（ ）
3. 几乎不吃蔬菜。（ ）
4. 脱了衣服随手乱丢。（ ）
5. 把书包扔在玄关不管不问。（ ）
6. 玩完玩具不收拾。（ ）
7. 不把家长联系手册拿出来。（ ）
8. 沉迷于电脑游戏。（ ）
9. 沉迷于电视。（ ）
10. 自己不主动做作业。（ ）
11. 不主动练习学习的东西（钢琴等）。（ ）

⑫ 兄弟姐妹间口头争执。 （ ）

⑬ 兄弟姐妹间动手争执。 （ ）

⑭ 在图书馆等公共场所大吵大闹。 （ ）

⑮ 拿积木丢别人。 （ ）

⑯ 动手打朋友，用脚踢朋友。 （ ）

⑰ 故意打碎玻璃、弄坏东西。 （ ）

⑱ 偷偷从父母的钱包里拿钱。 （ ）

⑲ 说脏话。 （ ）

⑳ 用父母无法容忍的话骂人。 （ ）

㉑ 顶嘴、狡辩，对家长说的话立刻反驳。 （ ）

㉒ 不肯洗澡。 （ ）

㉓ 不刷牙。 （ ）

㉔ 常常忘记帮家长做家务。 （ ）

△合计　　个 / ×合计　　个

结果怎么样?

我在 14、16、20 等 7 个问题行为后面画了 ×。

每个家庭对△和 × 的判断各不相同，并会随着孩子的年龄和发育状况发生改变。

比如，“早晨无法自己起床”这个行为，在孩子小的时候并不引人在意，但放在小学高年级应该算是震级 4 以上的严重问题。“沉迷于电脑游戏”的行为，如果平时每天都超过 4 小时，也能算作震级 5 的问题了。

另外，各位的答案里有多少个 × 呢? 我想一般情况应该在 10 个以内吧。

而我们在前面提到的常见的斥责模式，几乎都不能算作“危险的、无法容忍的行为”。

这就提醒各位家长，不必让自己始终处于焦躁不安的紧张情绪中。至少在面对大多数问题行为时，都无须反应过激。

“危险的、无法容忍的行为”所占比例不高，大部分问题行为都不属于这个范畴。也就是说，大多数情况下，我们都应该以“没什么大不了”的心态来从容应对。

“不！把书包扔在玄关不管不问、玩完玩具不收拾，这些行为也是看不过去的问题行为！”也许有的家长会这么说。确实，这些做法都让人看不过去。但是，就分类而言，它们应该被归为“不提倡、需减少的行为”。分类的意义不是说面对低震级的行为就不去解决，而是希望家长们能就此调整自己的心态。

如果我们面对不同等级的问题行为都采取同样强硬的手段，孩子渐渐会不知道究竟什么才是不被容忍的事情。

事实上，孩子常常通过家长的训斥方式来摸索自己行为的正误。

比如说，如果用同样方式处理“把书包扔在玄关不管不问”和“动手打朋友，用脚踢朋友”，就会让孩子产生这两种行为恶劣程度一致的印象。

同时，如果家长对于“不提倡、需减少的行为”也一一严厉责备的话，训斥孩子的频率会成倍上升，使家长和孩子都陷入某种疲惫感之中。而且，孩子渐渐会对家长的训斥感到麻木，使训斥收效甚微。更有甚者，会引起孩子的反抗情绪。他们心中觉得：为什么因为这么点事情就那么凶地说我啊？！

因此，为了让我们可以冷静地思考解决之策，先通过“问题行为定级”来保持从容心态吧！

焦躁应对法4　不要留恋无效的方法

接下来，请各位用从容平和的心态思考一下：面对“不提倡、需减少的行为”，除了警告和斥责外，还有什么处理方法？

让我们以“吃饭速度慢”为例，来探索一下有效的方法。

某位母亲对孩子总是慢吞吞吃早饭一事十分苦恼，她找我进行了一次心理咨询。

■ 母亲为吃早饭拖拖拉拉的女儿（5 岁）伤透脑筋

我：“您现在遇到了什么难题？”

母亲：“次女每天早上吃早饭都慢吞吞的，让我很烦恼。”

我：“对您来说，为什么这件事（吃早饭慢）是个让人苦恼的问题呢？”

母亲：“这样一来，我收拾碗筷会受到影响，导致出门上班的时间也变晚了。”

我：“原来如此。除此之外，还有什么因为女儿吃饭慢引发的连锁问题吗？”

母亲：“唔……时间不会因为谁停滞不前，她这样会给别人添很多麻烦……如果她没有时间观念的话，以后也会遇到麻烦事吧。”

我：“明白了。您的意思是时间不会停滞不前，如果女儿没有时间观念的话，对周围的人或她自己都是种麻烦，对吗？您是从什么时候开始意识到这个问题的呢？”

母亲：“嗯，已经很久了。说起来是好几年前的事情。”

我：“已经好几年了啊。那么这个问题什么时候发展到了最严重的地步呢？”

母亲：“是我去年 4 月开始上班那阵子吧。”

我：“这个问题究竟是由谁引起的呢？”

母亲：“当然是次女！”

我：“除了次女呢？”

母亲：“要是这么说，可能长女也有不好的地方。因为长女总是在吃饭的时候和妹妹讲话。”

我：“除了长女呢？”

母亲：“非要说的话，我可能也有不好的地方吧。要是我能再早点起来准备早饭，可能会让情况改善一些。”

我：“看来我的这些提问还有些作用。至少，我们看到可能不是次女一个人的错。”

母亲：“是啊。”（苦笑）

我：“女儿吃饭慢这个问题，是否还对您生活的其他方面产生了影响呢？”

母亲：“唔，因为次女吃饭慢，我们一起玩游戏的时间总是推迟，洗澡的时间也要顺延。结果，连睡觉的时间都变晚了！”

我：“原来如此。那您理想的状态是什么样子的呢？”

母亲：“我早点起床做饭吧。这样次女能更从容地吃饭。”

我对这位母亲进行了约 10 分钟的心理辅导。

最开始，母亲将吃饭慢这件事的所有错误都归咎于次女，认为应该改变的只有次女。几年来，只顾着斥责次女“快点吃”，而未曾考虑其他解决的方法。

然而，通过反复询问“这个问题究竟是由谁引起的”，这位母亲渐渐意识到不应由次女承担所有后果。吃饭时与妹妹搭话的长女和起床略晚的自己都有不对之处。她后来还提到，因为吃饭时开着电视，次女一见到电视节目就移不开眼睛，筷子也自然放了下来。

当我们明确了原因所在，解决方法也要随之改变。

这位母亲不再一味责备次女“快点吃”，而代以先改变自我的方式。也就是说，当斥责无效时，母亲改为自己早些起床准备早饭。另外，制定了早饭时段看电视的规则：如果 7 点 10 分可以吃完早饭，就可以看会儿电视。

通过这些方法，长年悬而未决的吃饭慢问题，终于得到了解决。

■ 推而不进时，不如尝试后退

适时放弃无效的方法——不厌其烦的说教、斥责，而采取行之有效的解决方式。这样一来，问题可能会得到更有效的解决，家长和孩子的心理压力也会随之减轻。

我们需要针对每一个问题思考相应的解决方法。比如，面对年纪稍大的孩子时，可以把早饭后看电视的规则调整为“如果 7 点 10 分还没吃完早饭，今天就必须自己洗碗”。

再以“把书包扔在玄关不管不问”为例。

“阿隆，你又把书包放在玄关不管啦！跟你说多少次你才明白！”母亲进门看到儿子乱放在一旁的书包，十分生气。

既然母亲自己都说“跟你说多少次你才明白”，那就证明这种警告对孩子没什么效果。那么，应该当机立断换用有效的方法。

第一，可以考虑“I Message”的方法。用行动、影响、感情的 3 项内容来传递自己的想法。

“（行动）玄关是一个家的脸面，如果你把书包放在玄关，

（影响）来家里的客人看到了会觉得这是个邋遢的家庭，

（感情）这让妈妈很伤心。”

如果我们采用这种方式告诉孩子，让孩子可以意识到自己的行为有失妥当，他就可能自发地更正这种错误。

但这毕竟是个没养成习惯的行为，孩子很可能下次照错不误。作为家长，再见到书包放在玄关的情况时，不用出言斥责，让书包保持原样放在玄关或者悄悄拿到某个不引人注目的角落（不能是孩子的房间）即可。收拾书包是孩子自己的责任，必须让他自己的事情自己做。当孩子把书包收拾好之后，不要忘记表扬。“无视与赞扬”——这是第二、第三种解决方法。

又或者，孩子的房间可能凌乱不堪，根本无处放书包。这时候，需要家长帮助孩子一起打扫房间后明确书包的安放位置。这是第四种解决方法。

另外，“如果你把书包放回房间，把家长联系手册拿出来，妈妈就让你吃一点零食”，这种方法也值得一试。它有点类似于“如果做到 A，就能得到 B”的交易，因为 B 是孩子喜欢的东西，所以促使他们完成 A 的行为。这是第五种解决方法。

怎么样？各位是否觉得这些方法要比大声警告、严厉斥责更有效呢？这就是所谓的“推而不进时，不如尝试后退”。

总之，希望各位家长冷静下来思考每个不同问题的解决方法，逐个击破育儿难题。

焦躁应对法 5 改变自己"inside out"[①]

在上面"吃饭速度慢"的例子中，那位母亲选择了改变自己来解决问题。改变自己，有时是解决问题的捷径。

这种方法被称为主体的自我改变或"inside out"。

在家庭生活中，常常会出现试图改变对方（孩子、配偶等）的情况。这其实是默认了错误在对方的一种表现。

但是，任何事情都不存在单一的原因。将全部问题归咎在某一个人身上是不正确的做法。

而面对问题时，选择改变自己——看起来这很困难——很多时候反倒是解决问题的捷径。面对各种家庭问题，首先扪心自问"这是由谁引起的问题"，是一种值得推崇的做法。

另外，将一直以来指向孩子、配偶的批判之矛朝向自己，尝试自我改变，有时会收到意外成效。

将家庭由"不幸的连锁"变为"幸福的连锁"

现实生活中不知有多少家庭都充斥着警告和斥责。开口斥责的家长和遭受训斥的孩子双方皆处于高压之下，难以平静愉悦地生活。

① 字面意思为"彻底地、由内而外地"，这里表示自我改变的程度很大。——编者注

其实大多数警告和斥责几乎都于解决问题无益，但家长们却从未停止过。这难道不是一件很可悲的事情吗？

那么，我们应该怎么做呢？

就像我们之前介绍过的那样，家长不应该被怒火冲昏头脑，而是要冷静下来思考解决方法。为了做到这一点，家长需要强大的忍耐力，改变一直以来一生气就训斥的习惯。

“想让他尝尝苦果”“错的是他，我什么错都没有”……当这种负面情绪涌入脑海时，必须学会自我控制情绪，并在控制情绪的基础上，冷静分析、理智应对。

万事开头难，但我们要坚信付出定有回报。

总有一天，在我们的努力之下，家庭会由一个充斥着谩骂训斥的混乱战场，变为充满赞扬温暖、有礼有爱的温馨场所。

这正是我们在第 2 章介绍的“温馨和谐的场所”。

孩子会在这样的家庭中治愈一天的疲惫与压力，再度以饱满的精神回到校园。这对家长同样适用。家长也能从高度紧张的警告、斥责中解放自我，得到身心的放松。

一切的关键就在于“家长是否能冷静下来，调整自己的处理方法”。

结语丨 写给各位父母

大约两年前，我曾每天抽出时间来开导一名常年躲在医务室逃学的三年级男孩。

这个孩子仅仅第一个学期就有 40 天缺课（每年有 30 天以上缺课即视为逃学），有时候他就算来学校，也不过是临近中午由妈妈开车送到医务室而已。男孩在医务室吃校餐，吃完也不收拾，自顾自地看起喜欢的图书，或者和医务室老师聊聊天——一日一日就是这么度过的。

为了改变这种状况，我从第二学期开始每天抽一个小时和这个孩子相处。

首先，我与他做一些游戏，让他觉得“上学很开心”。刚开始的时候，他总是一个人玩积木，后来渐渐喜欢与我一起玩抽积木、模拟足球、将棋、五子棋等游戏。通过共同游戏的经历，孩子与我建立了基本的信任感。于是，我在游戏当中或游戏间隙里穿插了一些汉字或数学的练习，起初并不那么顺利，而后慢慢被他接受了。

然后，在午休时间，我带着这位男孩一同参与到同年级孩子们的躲猫猫游戏中。这个过程大约持续了半年，男孩终于开口对我说：“今天真的好开心啊。”

两个月后，男孩愿意和其他同学一起吃校餐，也开始参加到收拾餐具、清理桌子的活动中。而后对于学校的一些大型活动，他也没有排斥地加入其中。甚至到了二月份，男孩不用妈妈送，自己走着来上学了。

最终，这位男孩第二学期缺课 7 天，第三学期仅有 3 天，之前的逃学问题得到了质的改善。

我至今仍记忆犹新，男孩在汉字考试中取得满分时那眉飞色舞的表情。“你太棒啦！一百分呢！老师给你一朵小红花！”听到我的表扬，他的笑意又加深了几分。要知道这个孩子曾经对汉字不屑一顾，常说“汉字有什么好学的”“谁会去管笔顺”，甚至还出现过一边说“我才不要学汉字”，一边抓起汉字练习册扔到一边的情况。

无论是什么样的孩子，心底深处都希望做到越来越多的事情，变得越来越好；希望被表扬、被承认。

这也是支撑我职业信念的根源所在。在学习方面、游戏方面、家务方面……所有的方面都适用。

家长不要被孩子口中的“不要”“讨厌”“不会做有什么关系”“不懂有什么关系”的话语迷惑。这种抵抗表达了孩子们对眼前课题难度太高、方法不明、跳跃性太大的抱怨，又或者亲子之间的信赖感并没有完全建立，也可能导致孩子抵抗心理的产生。

反过来说，只要我们攻克了这些问题，让孩子积极地去学习、做家务都不在话下。父母同时也能减轻不少压力，使得亲子关系有所改善。

结语中的这个男孩之所以能发生如此大的变化，正是因为我们坚定不移地贯彻了本书介绍的育儿原则。当然，除了本书中介绍的以外，还有很多重要的原则和技巧，但其中最基本的内容本书都有涵盖。无论是什么样的孩子，心底深处都希望做越来越多的事情，变得越来越好。我们在坚信这一点的同时去与孩子接触也尤为重要。

我相信使用本书介绍的方法和原则，能让很多有各种各样问题的孩子重新恢复笑容，也能让被这些问题困扰的父母和教师恢复笑容。这也是我写作本书最重要的理由和最大的心愿。

我要感谢 Elies Book Consulting 公司的土井英司等各位，为本书的出版尽心费力。

感谢 Discover 21 出版社的编辑石桥和佳等各位，你们担任了我和读者之间的桥梁，为我传递了许多重要信息。

感谢自我毕业以后与我共同致力教育研究的同仁。感谢我遇见的所有孩子和他们的家长。

如果没有以上各位的帮助，就没有这本书的问世。

最后，容我对始终支持我的家人致谢。

结语Ⅱ 写给各位教师

家庭教育是学校教育的重要支撑

我们常常见到在学校不守规矩、大吵大闹的孩子；对老师不尊重的孩子、不听话的孩子、脾气狂躁的孩子……这样的孩子在校园中屡见不鲜。我们作为老师，在投身学习指导之前，总会先被这些规矩、礼貌之类的问题弄得疲惫不堪。

我作为一名小学教师，从10年前就开始专门对一些性格暴躁的孩子进行单独辅导。我也曾有过从背后被踢一脚、被橡皮筋做的弹弓击打、被脏言污语辱骂的经历，也听到很多家长严厉的抱怨。

其中有一位男孩的父亲，曾来过学校，但他好不容易在学校露脸，竟然是当着众人的面“揪着孩子的头发，把他拖走”。

我后来理解了这位问题儿童所处的环境。他的家庭本身就是问题家庭。在家中不仅是孩子，连孩子的母亲——他的妻子都曾遭受过家暴。

由此，我和我的同事们开始深入探索家庭教育的重要性。但很遗憾，即使我们尽己所能，但仍有一些无法涵盖的部分。

对孩子不闻不问的父母、对孩子过分宠溺的父母、对孩子和配偶暴力相向的父母……这种家长实在可怕可怖。

我十分想向这些父母呼吁：“请各位家长成为更加坚强可靠的人！好好教育你们的孩子！”

另外，和教师们的疲惫同样，家长也处于疲惫之中。

家长本就疲于工作和家务，如果孩子不听话，那必然会引发一系列问题。没有专业育儿知识的家长，想必会感到育儿一事让人心力交瘁。

“那么，我们面对那些不听话的孩子该怎么办？”

家长必须做的不是责备，而是支持；不是推卸责任，而是互相协作。父母两人在育儿的过程中是互助互爱的战友，共同为了孩子的健康成长不懈努力。即使疲于工作和家务，却仍愿意为了孩子付出自己的心力。

作为教师，能把育儿的知识和原则传达给积极参与育儿的父母们，将会对孩子产生莫大帮助。而家庭教育的改善，又会对学校教育产生积极影响，让教师们更专注于学习指导而非规矩礼貌的教育。这也是我写作该书的又一个理由。

若本书能成为家庭教育的助力，成为学校教育的有力支持，我将不胜欣慰。